Die Kunst der künstlichen Intelligenz

AURORA AMORIS

DIE KUNST DER KÜNSTLICHEN INTELLIGENZ

Neue Grenzen der Kreativität

2025

Die Kunst der künstlichen Intelligenz

Aurora Amoris

INHALT

KAPITEL 1

Die Schnittstelle zwischen künstlicher Intelligenz und Kunst

1.1. Die Evolution der Kunst mit künstlicher Intelligenz

Künstliche Intelligenz hat sich als transformative Kraft in der innovativen Welt erwiesen und die Grenzen des fantasievollen Ausdrucks neu definiert. Historisch gesehen entwickelte sich die Kunst als Reaktion auf gesellschaftliche Veränderungen, technologische Fortschritte und die menschliche Erfahrung selbst. Von prähistorischer Höhlenmalerei über Meisterwerke der Renaissance bis hin zu modernen abstrakten Werken hat sich die Kunst ständig an neue Denkweisen und Instrumente angepasst. Heute stellt KI die modernste Innovation dieser Entwicklung dar und bringt tiefgreifende Veränderungen in der Art und Weise mit sich, wie Kunst geschaffen, wahrgenommen und bewertet wird.

Die Integration von KI in den kreativen Prozess ist nicht unbedingt eine technologische Entwicklung, sondern vielmehr ein philosophischer Wandel in der Art und Weise, wie wir Kreativität definieren. Ursprünglich wurde KI als Werkzeug zur Unterstützung von Künstlern eingesetzt, um neue Strategien zur Beschleunigung moderner Aufgaben oder zur Unterstützung technischer Aspekte der Kunstwerkschaffung zu präsentieren. Mit fortschreitender Technologie spielte KI jedoch eine immer wichtigere Rolle – nicht nur als Assistent, sondern auch als aktiver Mitarbeiter. Durch Werkzeuglernen und tiefe neuronale Netzwerke kann KI nun präzise Kunstwerke schaffen und widerlegt damit die traditionelle Annahme, Kreativität sei ausschließlich eine menschliche Aufgabe.

Die frühe Auseinandersetzung mit KI in der Kunst war experimentell. Künstler nutzten grundlegende Algorithmen, um visuelle Muster zu erstellen oder Geschenkfotos zu steuern. Diese frühen Arbeiten konzentrierten sich oft auf Automatisierung und den Einsatz von KI, um die Kultur menschlicher Kunst zu reproduzieren. Mit der Weiterentwicklung von KI-Systemen vervielfachten sich jedoch die kreativen Möglichkeiten. KI kann nun auch riesige Datenmengen analysieren, daraus lernen und neuartige künstlerische Strukturen schaffen, die zuvor unvorstellbar waren. Diese neue Welle KI-generierter Kunstwerke stellt traditionelle Vorstellungen von Urheberschaft, Besitz und der Stellung des Künstlers im kreativen Prozess in Frage.

Einer der bemerkenswertesten Aspekte der KI-Entwicklung in der Kunstwelt ist ihre Fähigkeit, die Grenzen zwischen maschineller und menschlicher Kreativität zu verwischen. Künstler programmieren Maschinen nicht mehr, um eine Reihe von Befehlen zu befolgen. Stattdessen können KI-Systeme, unterstützt durch Deep Learning, spezifische, kreative Ergebnisse basierend auf Mustern aus einer Vielzahl von Quellen generieren. Dieser Wandel hat zur Entstehung von KI-generierten Gemälden, Musik, Literatur und sogar interaktiven Installationen geführt, die alle Fragen nach dem Wesen der Kreativität und der Rolle des Künstlers aufwerfen.

Die Verbesserung der KI-Technologie, die Generative Adversarial Networks (GANs) umfasst, hat bei dieser Änderung eine entscheidende Rolle gespielt. GANs umfassen neuronale Netzwerke: Eines generiert Inhalte, das andere bewertet sie. Durch diesen Feedback-Loop können KI-Systeme immer komplexere Werke schaffen und so die Grenzen traditioneller Kunstformen erweitern. Die Fähigkeit der KI, aktuelle Werke zu analysieren und auf dieser Grundlage neue Inhalte zu generieren, stellt die Vorstellung in Frage, dass Kunstwerke rein menschlicher Ausdruck von Emotionen, Erfahrungen oder Kulturgeschichte sind.

Da sich KI ständig weiterentwickelt, wird ihr Einfluss auf die Kunstwelt wahrscheinlich weiter zunehmen. Künstler nutzen KI zunehmend – nicht nur, um Kunstwerke zu schaffen, sondern auch, um neue Ideen zu entwickeln und zeitgenössische Normen umzusetzen. Diese sich entwickelnde Verbindung zwischen KI und Kunst stellt einen bahnbrechenden Wandel im Bereich des kreativen Ausdrucks dar und wird die Zukunft beider Bereiche weiter prägen.

1.2. Künstler und Maschine: Neue Modelle der Kreativität

Die Beziehung zwischen Künstlern und Maschinen wird seit langem durch die Rolle der Technologie als Werkzeug zur Förderung des menschlichen kreativen Ausdrucks beschrieben. Vom frühen Einsatz von Kameras bis hin zu den digitalen Werkzeugen des modernen Designs haben Maschinen die künstlerische Arbeit des Künstlers erleichtert, aber nie vollständig die Rolle des Künstlers übernommen. Mit dem Aufkommen künstlicher Intelligenz erlebt diese Beziehung einen tiefgreifenden Wandel, da Maschinen menschliche Künstler nicht nur unterstützen, sondern auch auf völlig neue Weise mit ihnen zusammenarbeiten.

Historisch galt Kreativität als eine stark menschliche Eigenschaft, die mit Emotionen, Erfahrung und Instinkt verbunden war. Der Künstler, ausgestattet mit seiner Vision und Sensibilität, entwickelte sich zur treibenden Kraft hinter jedem innovativen Unternehmen. Maschinen wurden auf die Rolle von Gadgets reduziert – mechanische oder digitale Geräte, die dem Künstler halfen, seine Vision umzusetzen. Mit der Weiterentwicklung der KI begann sich diese Dichotomie jedoch aufzulösen. Maschinen konnten durch Deep Learning und neuronale Netzwerke menschliche Kreativität nicht nur nachahmen, sondern auch neuartige Kunstwerke schaffen, oft unabhängig von menschlichem Zutun.

Das Konzept der KI als Co-Autor im innovativen Ansatz stellt einen Paradigmenwechsel dar. Künstler nutzen KI heute nicht mehr nur als Werkzeug, sondern als aktiven Teilnehmer an der Gestaltung ihrer Gemälde. Diese Zusammenarbeit basiert auf der Verwendung von Algorithmen, die große Datensätze analysieren, Muster erkennen und völlig neue Ergebnisse erzeugen können. KI beschränkt sich nicht nur auf die Replikation oder Verbesserung bestehender Kunstwerke; sie ist in der Lage, einzigartige Werke zu schaffen, die mitunter traditionelle Formen menschlicher Kunst in Komplexität und Innovation übertreffen.

Ein wichtiger Aspekt dieser neuen innovativen Partnerschaft ist die Demokratisierung der Kunst. KI-gestützte Systeme und Geräte erleichtern es Menschen ohne formale Ausbildung, anspruchsvolle Kunstwerke zu schaffen. Was einst einer ausgewählten Gruppe von Künstlern mit spezialisierten Kompetenzen vorbehalten war, ist heute mit dem richtigen Alter und einer Idee für uns alle zugänglich. KI-Geräte, neben denen für bildende Kunst, Musik und Literatur, ermöglichen es Menschen, ihre Kreativität ohne die traditionellen Hürden der modernen Kunst zu entfalten. Diese Zugänglichkeit erweitert nicht nur den Kreis potenzieller Künstler, sondern eröffnet auch einem neuen Publikum die Möglichkeiten von KI in der Kunst.

Gleichzeitig wirft die Beteiligung von KI an der Kreativität wichtige Fragen zu Urheberschaft, Originalität und dem Wert von Kunstwerken auf. Wenn eine Maschine ein Gemälde, ein Lied oder eine Geschichte erstellt, wem gehört das Werk? Ist die KI der Künstler oder der Mensch, der es programmiert oder den ursprünglichen Input geliefert hat? Diese Fragen stellen traditionelle Prinzipien des kreativen Eigentums und die Rolle des Künstlers in Frage. Manche argumentieren, dass die Rolle von KI in der Kunstschöpfung die menschliche Kreativität verringert, während andere behaupten, dass die Zusammenarbeit zwischen Mensch und Maschine ein spannendes neues Gebiet darstellt, das den innovativen Ansatz ergänzt, anstatt ihn zu verringern.

Auch das Wesen der Kreativität selbst wird neu definiert. KI-generierte Kunst stellt regelmäßig traditionelle ästhetische Standards in Frage und bietet neue Ausdrucksformen, die nicht mehr mit den über Jahrhunderte hinweg etablierten Formen menschlicher Kreativität vereinbar sind. Dies zeigt sich deutlich beim Einsatz von KI in der abstrakten Malerei, wo neuronale Netze Bilder erzeugen, die nicht durch konventionelle Techniken oder die Anzahl der Themen definiert sind. Ähnlich verhält es sich mit der KI in der Musikkomposition, wo Algorithmen neue Melodien und Harmonien generieren, was häufig zu Klängen führt, die von traditionellen musikalischen Strukturen abweichen.

In der Literatur ermöglichen KI-generierte Texte eine faszinierende Auseinandersetzung mit Erzählkunst und Stimme. KI-Systeme, einschließlich natürlicher Sprachverarbeitungsmodelle, können große Textmengen analysieren und einzelne Abschnitte erstellen, die den Stil etablierter Autoren imitieren oder völlig neue Erzählmöglichkeiten eröffnen. Die Fähigkeit von KI, Erinnerungen, Gedichte oder sogar ganze Romane zu schreiben, prägt das Konzept literarischer Kreativität und Autorschaft. Schriftsteller nutzen zunehmend KI, nicht nur um die Schreibmaschine zu unterstützen, sondern auch um neue Erzählungen zu schaffen, die mit herkömmlichen Methoden möglicherweise nicht entstanden wären.

Da sich die KI ständig weiterentwickelt, wird sich die Art der Zusammenarbeit zwischen Künstler und Gerät voraussichtlich weiter verändern. Was einst ein passives Gerät war, ist heute ein aktiver Co-Autor, und die Grenzen zwischen Mensch und Gerät werden sich weiter erweitern. KI kann zwar die Tiefe menschlicher Erfahrung oder Emotionen, die die Kreativität antreiben, nicht ersetzen, doch es ist klar, dass sie neue Möglichkeiten, Ansätze und Modelle für innovatives Schaffen bietet. Diese veränderte Dynamik zwischen Künstlern und Maschinen stellt nicht nur einen technologischen Fortschritt dar, sondern auch eine Neuinterpretation des kreativen Prozesses selbst – eines Prozesses, in dem menschliche und maschinelle Kunst gemeinsam neue innovative Gebiete erkunden.

1.3. Die technologischen Grenzen der Kunst

Die Schnittstelle zwischen Technologie und Kunst ist seit jeher ein Ort der Spannung und Innovation. Über Jahrhunderte hinweg hat die Technologie die Werkzeuge und Techniken geprägt, die Künstlern zur Verfügung stehen und ihnen ermöglichen, neue Dimensionen der Kreativität zu erkunden. Von der Erfindung der Digitalkamera bis zur Entwicklung digitaler Medien hat jede technologische Entwicklung neue Möglichkeiten für kreativen Ausdruck eröffnet. Doch während sich die Technologie ständig anpasst, werden die Grenzen der Kunst selbst tiefgreifend in Frage gestellt. Welchen Stellenwert hat Technologie in der Kunst und welche Grenzen setzt sie dem kreativen Ausdruck?

Historisch betrachtet wurden die Grenzen der Kunst oft durch die Verwendung der verfügbaren Mittel definiert. Früher waren Künstler durch ihr Medium – sei es Farbe, Ton oder Stein – eingeschränkt. Das Aufkommen der Fotografie im 19. Jahrhundert überwand diese Grenzen und ermöglichte neue Verfahren zur Erfassung und Darstellung von Realität. Im digitalen Zeitalter erhielten Künstler Zugang zu einem deutlich breiteren Spektrum an Möglichkeiten, darunter digitale Bildgebung, Video und virtuelle Realität. Diese technologischen Fortschritte ermöglichten eine umfassendere Manipulation von

Form, Raum und Zeit und eröffneten neue Wege für kreativen Ausdruck.

Doch während die Technologie die Möglichkeiten der Kunst erweitert, bringt sie auch Einschränkungen mit sich. Die wichtigste technologische Hürde in der Kunst ist die Abhängigkeit von verfügbarer Ausrüstung. Digitale Kunst erfordert einen Computer oder spezielle Software, während KI-generierte Kunst Zugriff auf riesige Datensätze und komplexe Algorithmen benötigt. Diese Ausrüstung ist zwar leistungsstark, hat aber ihre eigenen Grenzen. So ist beispielsweise ein digitaler Künstler oft durch die Fähigkeiten der Software und die Rechenleistung der Hardware eingeschränkt. Ähnlich verhält es sich mit KI-Kunst, die zwar komplexe und komplexe Designs erstellen kann, aber durch die ihr zugrunde liegenden Algorithmen eingeschränkt ist. Diese Algorithmen basieren auf hochmodernen Daten, um neue Werke zu schaffen. Dadurch kann KI nur Variationen von bereits Vorhandenem erstellen, was ihre Fähigkeit, wirklich neuartige Konzepte zu entwickeln, einschränkt.

Darüber hinaus wirft die Rolle des Künstlers in diesem technologisch geprägten Umfeld Fragen zum kreativen Instrument auf. Bietet KI, die zunehmend in die Gemäldeproduktion einfließt, noch die gleiche emotionale Tiefe, kulturelle Relevanz und Originalität wie von Menschen geschaffene Gemälde? Viele argumentieren, dass Technologie in ihrer heutigen Form die intuitive und subjektive Natur menschlicher Kreativität nicht ersetzen kann. KI kann zwar Muster nachahmen oder neuartige Schnappschüsse erstellen, aber ihr fehlt die menschliche Erfahrung, die Kunstwerken Bedeutung verleiht. Für viele ist die emotionale Verbindung, die sie zwischen Künstler und Betrachter schafft, das Wesen von Kunstwerken. Können Maschinen, die ohne Emotionen funktionieren, tatsächlich Kunstwerke schaffen, die die gleiche Tiefe berühren wie von Menschen geschaffene Werke?

Da die Technologie zudem immer komplexere und anspruchsvollere Kunstwerke hervorbringt, stellt sie auch das traditionelle Verständnis von Urheberschaft und Originalität in Frage. KI-Systeme beispielsweise sind in der Lage, Kunst unabhängig von menschlichem Zutun zu entwickeln, was wichtige Fragen nach den Rechten an solchen Werken aufwirft. Wenn eine KI ein Gemälde basierend auf den Eingabedaten unzähliger Künstler erstellt, kann das Gerät dann als Autor angesehen werden? Oder ist der Mensch, der die KI programmiert oder die Eingaben geliefert hat, der wahre Schöpfer? Diese Fragen der Urheberschaft stellen althergebrachte Vorstellungen von Kreativität und der Rolle des Künstlers in der Kunstproduktion in Frage.

Eine weitere Hürde, die die Technologie der Kunst auferlegt, ist die Frage nach Zugänglichkeit und Demokratisierung. Digitale Geräte und KI haben zwar die Kunst einem breiteren Publikum zugänglich gemacht, gleichzeitig aber auch eine moderne Form des Elitismus geschaffen. Die hohen Kosten fortschrittlicher Technologien und der zu ihrer Nutzung erforderlichen Daten haben es vielen schwer gemacht, am kreativen Prozess teilzuhaben. Zwar kann heute jeder mit einem Smartphone virtuelle Fotos erstellen, doch die Komplexität und Kreativität, die erforderlich ist, um die Werkzeuge virtueller Kunst tatsächlich zu nutzen, bleibt vielen unerreichbar. Genau die Ära, die die Kunst demokratisieren sollte, hat möglicherweise stattdessen neue Barrieren geschaffen und die Vielfalt der Stimmen und Perspektiven, die in der kreativen Gemeinschaft gehört werden können, eingeschränkt.

Da Kunstwerke zunehmend über verschiedene Epochen vermittelt werden, verschwimmt der Unterschied zwischen „echten" und „werkzeuggefertigten" Kunstwerken. Mit dem Aufkommen von KI-generierten Kunstwerken, Deepfakes und virtuellen Repliken wird es immer schwieriger, die Grenze zwischen echten Gemälden und technologisch geschaffenen Werken zu ziehen. Manche argumentieren, dass diese Verwässerung der Authentizität den Wert der Kunst untergräbt, während andere behaupten, dass sie neue Möglichkeiten für kreativen Ausdruck und Engagement bietet.

Gleichzeitig entwickelt sich auch die Position des Betrachters in dieser technologischen Landschaft weiter. Traditionell ist die Auseinandersetzung des Betrachters mit

Kunst zu einem persönlichen, oft emotionalen Erlebnis geworden. Die Haptik eines Gemäldes, der Klang einer Musik oder die Umgebung einer Skulptur trugen zur Interpretation der Gemälde bei. Im digitalen Zeitalter hingegen wird ein Großteil der Interaktion zwischen Kunstwerk und Publikum durch Technologie vermittelt. Virtuelle Realität und erweiterte Realität haben immersive Geschichten hervorgebracht, die es dem Publikum ermöglichen, auf völlig neue Weise mit Gemälden zu interagieren. Diese Verbesserungen eröffnen zwar spannende neue Dimensionen der Interaktion, werfen aber auch Fragen zur Natur des Kunstwerks selbst auf. Behält das Werk seine kreative Integrität, wenn das Publikum das Kunstwerk in Echtzeit beeinflussen oder steuern kann, oder entwickelt es sich zu einer dynamischen, sich ständig verändernden Einheit?

Die technologischen Hürden der Kunst definieren sich nicht nur über die Grenzen der dem Künstler zur Verfügung stehenden Mittel, sondern auch über den breiteren sozialen und kulturellen Kontext, in dem Kunstwerke entstehen. Technologie beeinflusst nicht nur die Entstehung von Kunstwerken, sondern auch deren Rezeption und Interpretation. Der Aufstieg sozialer Medien und Online-Plattformen hat die Art und Weise, wie Kunstwerke geteilt und bevorzugt werden, grundlegend verändert. Künstler haben nun die Möglichkeit, ein globales Publikum direkt zu erreichen, doch dadurch hat sich auch der Fokus vom künstlerischen

Nutzen zum viralen Erfolg verlagert. Der Druck, Kunstwerke in einer Online-Umgebung aufmerksamkeitsstark zu präsentieren, hat die Dynamik des kreativen Schaffens verändert, sodass Unmittelbarkeit und Anerkennung zunehmend über Intensität und damit überwiegen.

Die technologischen Grenzen der Kunst verändern sich ständig, da neue Entwicklungen sowohl neue Möglichkeiten als auch neue Herausforderungen bieten. Die Technologie hat zwar die Möglichkeiten des künstlerischen Ausdrucks erweitert, aber auch grundlegende Fragen zur Person von Kreativität, Authentizität und Urheberschaft aufgeworfen. Künstler erforschen weiterhin das Potenzial von KI, digitalen Werkzeugen und der sich entwickelnden Technologie und müssen diese Grenzen überwinden und Wege finden, die Macht der Technologie mit dem menschlichen Wesen in Einklang zu bringen, das seit jeher im Mittelpunkt der Kunst steht.

1.4. KI als Katalysator für künstlerische Innovation

Die Einführung künstlicher Intelligenz (KI) hat die Landschaft kreativer Innovation tiefgreifend verändert. Traditionell wurde Kreativität als eine einzigartige menschliche Eigenschaft wahrgenommen, als Ausdruck von Emotionen, Lebensstil und Geist, den Maschinen zwar imitieren, aber niemals selbst erzeugen sollten. Mit dem exponentiellen Wachstum der kognitiven und generativen Fähigkeiten von KI wird diese Annahme jedoch zunehmend in Frage gestellt. Weit davon entfernt, repetitive Aufgaben zu automatisieren, übernimmt KI eine wichtigere, katalytische Rolle bei der Erweiterung kreativer Innovationsprozesse – sie gestaltet Prozesse neu, definiert Ästhetik neu und erfindet neue Wege des Schaffens.

Im Zentrum dieses Wandels steht der Übergang von statischen Werkzeugen zu dynamischen Partnern. Traditionelle kreative Werkzeuge – Pinsel, Meißel, Kameras, Musikinstrumente – dienten als passive Erweiterung der künstlerischen Intention. Durch Analyse können KI-gestützte Systeme Ideen generieren, Lösungen vorschlagen und sogar ganze Werke mit minimalem menschlichen Aufwand produzieren. Dieser Wandel macht KI zu einem aktiven Teilnehmer im Innovationssystem und ermöglicht eine neue Form der Synergie zwischen Künstler und Regelwerk.

Einer der überzeugendsten Beweise für den katalytischen Einfluss von KI findet sich im Bereich der bildenden Künste. Generative Adversarial Networks (GANs) ermöglichten beispielsweise die Einführung von Gemälden, die traditionelle Hürden überwinden. Bahnbrechende Arbeiten wie Obvious' „Portrait of Edmond de Belamy", das vollständig durch ein GAN generiert wurde, wurden in renommierten Kunstinstitutionen wie Christie's ausgestellt und versteigert.

Dies warf nicht nur Preisfragen auf, sondern auch grundlegende Fragen zu Urheberschaft, Kreativität und künstlerischem Wert. KI half hier nicht nur bei der Einführung der Gemälde – sie war der Autor, der auf eine Datenbank klassischer Porträts zurückgriff und etwas Neues und zugleich unheimlich Vertrautes schuf.

Diese Form der KI-gesteuerten Kunst ist nicht immer ein reines Nebenprodukt. Sie demonstriert Innovation durch die Remixierung umfangreicher Datensätze auf eine Weise, die Menschen niemals in Betracht ziehen würden. Durch Training mit Millionen von Bildern kann eine KI Muster kombinieren, historische Kunstbewegungen gegenüberstellen und neue visuelle Sprachen erfinden. Künstler wie Mario Klingemann und Refik Anadol nutzen diese Fähigkeiten, um Pionierarbeit für den sogenannten systemerweiterten Surrealismus zu leisten und die Grenzen von Abstraktion, Bewegung und generativer Form zu erweitern.

In der Musik hat sich KI nicht mehr nur als Komponist, sondern auch als Erfinder von Klängen etabliert. Anwendungen wie AIVA (Artificial Intelligence Virtual Artist) und OpenAIs MuseNet ermöglichen die Komposition von Symphonien, Jazz oder modernen Stücken und greifen dabei auf umfangreiche musikalische Korpora aus Jahrhunderten zurück. Diese Kompositionen sind nicht auf Replikation beschränkt – sie können durch unerwartete Kombinationen von Rhythmen, Akkordfolgen und Klangfarben innovativ sein. Musiker stehen nun in Kontakt mit Algorithmen, die sie dazu anregen, anders zu denken und über ihre gewohnten Tonleitern und Tonarten hinauszugehen.

Darüber hinaus erstreckt sich KI als Katalysator auf die narrative und literarische Kunst. Natürliche Sprachmodelle, darunter GPT (Generative Pre-educated Transformer), haben die Entstehung von Lyrik, Belletristik, Drehbüchern und interaktiven Erzählstudien ermöglicht. KI-generierte Literatur kann Hemingways Kürze, Shakespeares jambischen „Go with the Flow" oder die Komplexität von David Foster Wallaces Prosa nachahmen und dabei oft verschiedene Einflüsse zu bisher ungeahnten Mustern vermischen. Weit davon entfernt, den menschlichen Schöpfer zu verändern, fungieren diese Systeme als innovative Partner – sie schlagen Handlungsstränge vor, bieten narrative Optionen oder generieren vielleicht surrealistische Wortspiele jenseits der Grenzen traditioneller Vorstellungskraft.

Bei erfinderischer Innovation geht es jedoch nicht immer nur um neue Ergebnisse – es geht auch um die Neudefinition des Systems. Künstler sind heute nicht mehr an lineare Arbeitsabläufe gebunden. KI ermöglicht iterative, nichtlineare Exploration durch Funktionen wie Echtzeitkommentare, prädiktive Modellierung und dynamische Rekonfiguration. Bei 3D-Modellierung und Animation kann KI Lücken füllen, Bewegungen interpolieren und sogar fotorealistische Texturen aus groben Skizzen generieren. Dies führt zu einer Demokratisierung ehemals komplexer Strategien, bei der Künstler mit beispiellosem Tempo und Flüssigkeit vom Konzept zur Umsetzung gelangen können.

Ein besonders gutes Beispiel ist die Architektur und das generative Design. Tools wie Autodesks Dreamcatcher nutzen KI, um Strukturen nicht nur für ästhetische Zwecke, sondern auch für Funktionalität, Nachhaltigkeit und Belastbarkeit zu optimieren. Durch die Eingabe von Designvorstellungen, Materialien und Einschränkungen können Künstler und Architekten Hunderte von KI-generierten Prototypen erhalten, die neuartige räumliche Möglichkeiten erkunden – etwas, für das menschliche Designer manuell Monate oder sogar Jahre benötigen würden.

Der katalytische Einfluss von KI erstreckt sich auch auf Performance und interaktive Medien. In Tanz, Theater und immersiven Installationen werden KI-Systeme eingesetzt, um menschliche Bewegungen und Emotionen zu musizieren, zu reagieren oder sogar zu imitieren. In interaktiven Umgebungen reagiert KI in Echtzeit auf das Publikum und modifiziert Licht, Ton und Bildmaterial basierend auf emotionalem Feedback, biometrischen Daten oder der Beteiligung der Zielgruppe. Dadurch entsteht eine Feedbackschleife zwischen Betrachter und Kunstwerk, in der keine Performance der anderen gleicht und jeder Moment von Mensch und Gerät gemeinsam gestaltet wird.

Darüber hinaus hat KI völlig neue Kunstgenres hervorgebracht – Formen, die ohne sie nicht existieren würden. Neuronaler Stiltransfer, informationsgetriebenes Storytelling, algorithmische Choreografie und KI-generierte digitale Influencer stellen nicht bloße Evolutionen, sondern innovative Revolutionen dar. Künstler sind heute Kuratoren von Datensätzen, Trainer von Moden und Choreografen von Code. Dieser Wandel von der manuellen Kreation zur konzeptionellen Orchestrierung markiert einen grundlegenden Wandel in der Rolle des Künstlers – vom Macher zum Meta-Schöpfer.

Um die Rolle von KI als Katalysator vollständig zu verstehen, muss man jedoch zusätzlich ihre mentalen und kulturellen Auswirkungen auf die menschliche Kreativität untersuchen. Wenn KI Ideen generiert, zwingt sie Künstler, sich mit ihren eigenen Annahmen und Vorurteilen auseinanderzusetzen. Sie eröffnet ihnen Möglichkeiten außerhalb ihres gewohnten Rahmens. Die Unvorhersehbarkeit systemischer Kreativität wirkt oft provokant und zwingt Künstler dazu, als Reaktion darauf ihre eigenen Grenzen zu überschreiten. Diese Kombination – zwischen dem menschlichen Bedürfnis nach Mitteln und der Fähigkeit des Systems zur Innovation – schafft einen fruchtbaren Boden für Innovationen.

Darüber hinaus erhöht KI die kreative Risikobereitschaft, indem sie den Aufwand für Experimente reduziert. In traditionellen Medien kann Versuch und Irrtum zeitaufwendig und ressourcenintensiv sein. Mit KI können Künstler schnell iterieren, unterschiedliche Konzepte testen und ohne Angst Fehler entdecken. Dieses Umfeld fördert radikale Innovationen und ermöglicht die Erforschung ästhetischer Gebiete, die sonst unerforscht bleiben könnten.

Wichtig ist, dass KI auch die traditionellen Torhüter der Kunstwelt stört. Indem sie neue Formen der Kreation und Kuratierung ermöglicht, fordert KI Institutionen heraus, die Kriterien von Wert, Originalität und Urheberschaft zu überdenken. Sie befähigt marginalisierte Künstler – Künstler ohne Zugang zu formaler Bildung oder Elite-Netzwerken –, sich an sinnvoller Kreativität zu beteiligen und an globalen Dialogen teilzunehmen. Durch Open-Source-Tools, Online-Plattformen und KI-gestützte Kreativ-Apps wird künstlerische Innovation inklusiver, verteilter und vielfältiger.

Die katalytische Kapazität der KI ist jedoch nicht ohne Komplexität. Fragen nach geistigem Eigentum, Urheberschaft und Authentizität stellen sich, da der kreative Motor ein Algorithmus ist. Wem gehört das Ergebnis einer generativen Version, die auf öffentliche Kunst trainiert wurde? Ist der Datensatz selbst eine Art unsichtbarer Co-Autor? Diese Herausforderungen negieren nicht länger die Rolle der KI bei der Innovation, sondern rücken stattdessen die sich entwickelnden kriminellen und philosophischen Rahmenbedingungen in den Vordergrund, die diesen Wandel begleiten müssen.

Mit Blick auf die Zukunft wird deutlich, dass KI kein Ersatz für menschliche Kreativität ist, sondern vielmehr ein Beschleuniger – eine Kraft, die den kreativen Impuls verstärkt, diversifiziert und transformiert. Sie bringt nicht nur neue Werkzeuge und Techniken mit sich, sondern auch neue Denk-, Sicht- und Wahrnehmungsweisen. In diesem Sinne ist KI nicht nur ein Katalysator für kreative Innovation – sie ist Teil einer umfassenderen Neudefinition dessen, was Kunst ist, was sie sein kann und wer sie schaffen darf.

Diese Neudefinition erfordert, dass wir unseren Kreativitätsbegriff erweitern und die kollaborative Intelligenz von Mensch und Maschine einbeziehen. Sie erfordert eine neue Kompetenz – eine, die Ästhetik, Code, Ethik und Vorstellungskraft vereint. Indem Künstler KI nutzen, geben sie ihre Handlungsfähigkeit nicht auf; sie locken mit einer neuen Form von Innovationskraft. Und damit schreiben sie das nächste Kapitel der künstlerischen Evolution – eines, in dem Innovation nicht nur effektiv verbessert, sondern in Umfang, Komplexität und Möglichkeiten erweitert wird.

1.5. Ethische Überlegungen zu KI-generierter Kunst

Die zunehmende Einbindung künstlicher Intelligenz in die Innovationsbranche bringt neue ethische Herausforderungen mit sich, die ebenso komplex wie dringend sind. Das Aufkommen KI-generierter Kunst durchbricht traditionelle Normen rund um Urheberschaft, Eigentum, Originalität und Zweck und wirft Fragen auf, die nicht nur strafrechtliche Antworten, sondern auch ethische Reflexion erfordern. In dieser neuen kreativen Landschaft, in der Maschinen nicht nur Werkzeuge, sondern Mitgestalter sind, verschwimmen die Grenzen zwischen menschlichem Ausdruck und algorithmischer Produktion. Was bedeutet es, verantwortungsvoll zu schaffen in einer Welt, in der Kunst von einer Maschine geschaffen werden kann, die auf den menschlichen Lebensstil trainiert ist? Wie definieren wir die ethischen Dimensionen von Urheberschaft, Gerechtigkeit, Repräsentation und Gesellschaft in einem solchen hybriden Innovationsumfeld?

Eine der unmittelbarsten moralischen Fragen bei KI-generierten Kunstwerken liegt in der Frage der Urheberschaft. Traditionell wird Autorschaft mit bewusster Absicht, emotionalem Ausdruck und persönlichem Stil assoziiert. Bei KI-generierten Werken – insbesondere solchen, die mit minimalem menschlichen Eingriff erstellt wurden – wird die

Zuordnung jedoch kompliziert. Ist der Autor der Programmierer, der den Algorithmus entwickelt hat? Der Künstler, der den Datensatz trainiert und kuratiert hat? Das Gerät, das die endgültige Ausgabe erstellt hat? Oder gar die Vielzahl namenloser Künstler, deren Werke die Bildungsstatistiken füllen?

Dieses Dilemma wird immer deutlicher, wenn die KI Kunstwerke generiert, die von lebenden oder verstorbenen menschlichen Künstlern nicht zu unterscheiden sind oder stark von ihnen inspiriert sind. Die zum Training generativer Modelle verwendeten Datensätze enthalten oft erhebliche Mengen an Kunstwerken, die aus Online- Repositorien stammen, oft ohne die Zustimmung der ursprünglichen Urheber. Dies wirft die Frage der Verletzung geistigen Eigentums auf. Wenn eine KI, die auf urheberrechtlich geschützte Werke spezialisiert ist, ein Werk im Stil eines bestimmten Künstlers erstellt, handelt es sich dann tatsächlich um geistiges Eigentum – oder um Diebstahl?

Die rechtlichen Rahmenbedingungen für dieses Problem sind nach wie vor unklar. Die meisten modernen Urheberrechtsgesetze basieren auf menschlicher Urheberschaft und berücksichtigen nicht-menschliche kreative Künstler nicht. Daher fallen viele KI-generierte Werke in eine strafrechtliche Grauzone. Einige Rechtssysteme, darunter die Vereinigten Staaten, haben Werken, die ausschließlich mithilfe von KI erstellt wurden, den Urheberrechtsschutz ausdrücklich verweigert, während andere noch an der Entwicklung von Regeln arbeiten, um diesen neuen Bedenken Rechnung zu tragen. Legalität steht jedoch nicht immer im Einklang mit Ethik. Die Tatsache, dass ein KI-generiertes Werk kein Gesetz verletzt, bedeutet nicht, dass es ethisch unbedenklich ist – insbesondere, wenn es die Arbeit und Kreativität menschlicher Künstler ohne Anerkennung oder Vergütung ausnutzt.

Ein ähnliches ethisches Dilemma ergibt sich im Zusammenhang mit kultureller Aneignung und Darstellung. Werden KI-Systeme mit Datensätzen trainiert, die kulturell bedeutende oder heilige Bilder enthalten – oft ohne Kontext oder Genehmigung –, können die daraus resultierenden Ergebnisse schädliche Stereotype verewigen, Bedeutungen auslöschen oder tief verwurzelte Traditionen kommerzialisieren. Eine KI, die sich beispielsweise mit der Bürokratie indigener Kunst auskennt, könnte Stile oder Symbole reproduzieren, deren kulturelle Bedeutung beraubt und sie auf ästhetische Motive für die kommerzielle Nutzung reduziert werden. Solche Ergebnisse missachten nicht nur die Ursprungskulturen, sondern bekräftigen auch eine lange Geschichte ausbeuterischer Praktiken in der Kunstwelt.

Darüber hinaus können sich die in Trainingsdaten enthaltenen Vorurteile auf die Innovationsleistung der KI übertragen. Wenn die zur Vermittlung generativer Moden verwendeten Datensätze überproportional positive demografische Merkmale, Muster oder historische Zeiträume repräsentieren, kann die KI diese Vorurteile auch unabsichtlich reproduzieren und verstärken. Dies könnte zur Marginalisierung unterrepräsentierter Stimmen oder zur Homogenisierung der kreativen Bandbreite führen. Eine ethische Einführung von KI-Kunst erfordert daher eine kritische Prüfung der Datensätze – nicht nur hinsichtlich der technischen Gesamtleistung, sondern auch hinsichtlich Fairness, Inklusivität und Wertschätzung kultureller Integrität.

Eine weitere Ebene moralischer Komplexität entsteht im Bereich der emotionalen Authentizität und der Täuschung des Publikums. KI-generierte Kunst mag tiefgreifend bewegend sein, doch die Emotionen, die sie hervorruft, können vollständig auf der Illusion menschlicher Absicht beruhen. Ein Betrachter kann von einem Gedicht oder einem Gemälde fasziniert sein und glauben, es spiegele das Innenleben einer Person wider – nur um dann festzustellen, dass es durch ein Regelwerk ohne Bewusstsein und Gefühle erzeugt wurde. Stellt dies eine Form der Täuschung dar? Oder ist emotionale Wirkung unabhängig vom Ausgangspunkt legitim?

Diese Frage erstreckt sich auf künstlerische Motive und Interpretationen. Traditionelle Ästhetik konzentriert sich regelmäßig auf das künstlerische Ziel – was der Künstler ausdrücken, kritisieren oder entdecken wollte. Bei KI-generierter Kunst hingegen wird der Ort des Motivs diffus. Während der menschliche Bediener Parameter festlegen kann, führt das Gerät regelmäßig Zufälligkeit oder selbsterhaltendes Verhalten ein, das sich jeder Vorhersage entzieht. Diese Ambiguität zwingt Kuratoren, Kritiker und das Publikum dazu, die Konstruktion und den Ursprung von Bedeutung zu überdenken. Können Maschinen künstlerische Motive haben? Oder führen sie lediglich Code aus?

Die Ethik KI-generierter Kunst berührt auch die wirtschaftliche Gerechtigkeit. Da KI-Systeme zunehmend kommerziell nutzbare Kunst produzieren können, werden sie menschliche Künstler verdrängen – insbesondere diejenigen, deren Lebensunterhalt auf Auftragsarbeit oder freiberuflicher Arbeit beruht. Plattformen, die KI-generierte Logos, Illustrationen, Musik und sogar komplette Videoproduktionen anbieten, konkurrieren bereits mit menschlichen Experten. Diese Tools können zwar den Zugang demokratisieren und die Preise für Kunden senken, bergen aber auch die Gefahr, kreative Leistungen zu kommerzialisieren, Löhne zu senken und Ungleichheiten in der Kreativwirtschaft zu verstärken.

Ethische Rahmenbedingungen müssen daher nicht nur Fragen der Entwicklung und Nutzung berücksichtigen, sondern auch die Bedingungen, unter denen KI-Geräte entwickelt werden. Dazu gehört auch die Arbeit von Datenannotatoren, von denen viele unter prekären, schlecht bezahlten Bedingungen Bilder oder neue Datensätze beschriften. Die „unsichtbare" menschliche Arbeit hinter der

KI-Kunst sollte anerkannt und wertgeschätzt werden, damit wir nicht in die Falle tappen, Innovation auf Kosten der Ausbeutung zu feiern.

Transparenz und informierte Zustimmung sind wichtige Konzepte zur Lösung vieler dieser Probleme. Künstler, deren Werke zum Trainieren von KI-Systemen verwendet werden, sollten das Recht haben, sich zu beteiligen – oder zumindest benachrichtigt und genannt zu werden. Betrachter KI-generierter Kunst müssen über die Herkunft des Kunstwerks informiert werden, insbesondere in Kontexten, in denen Authentizität oder Herkunft eine Rolle spielen. Die Entwicklung ethischer Richtlinien, Kennzeichnungssysteme und Open-Source-Lizenzen, die auf innovative KI-Anwendungen zugeschnitten sind, kann dazu beitragen, Vertrauen und Verantwortung zu stärken.

Ebenso wichtig ist die Förderung algorithmischer Kompetenz bei Künstlern und Publikum. Das Verständnis der Funktionsweise generativer Modelle – ihrer Grenzen, Bildungsdaten und Kapazitätsvorurteile – ermöglicht fundiertere moralische Urteile. Wenn Künstler beginnen, KI als kreativen Partner zu nutzen, sollten sie auch Verantwortung für deren ethischen Umgang übernehmen – Datensätze sorgfältig auswählen, Einflüsse transparent benennen und die weiteren Auswirkungen ihrer Arbeit reflektieren.

Bildungseinrichtungen, Museen und Kulturgruppen spielen in dieser Hinsicht eine entscheidende Rolle. Sie können den kritischen Dialog fördern, interdisziplinäre Forschung unterstützen und ethische Lehrpläne erweitern, die zukünftige Künstler und Architekten auf den Umgang mit KI vorbereiten – nicht nur fachmännisch, sondern auch verantwortungsvoll. Programmierkenntnisse müssen mit ethischen Kompetenzen einhergehen.

Eine weitere wichtige ethische Herausforderung liegt im Einsatz von KI zur Simulation verstorbener Künstler oder zur Schaffung „neuer" Werke ihres Namens. Ob durch Deepfakes von Malern, Komponisten oder Künstlern – KI hat es ermöglicht, Muster und Stimmen aus dem Jenseits in verblüffender Detailliertheit wiederzubeleben. Während manche dies als Hommage betrachten, betrachten andere es als eine Form künstlerischer Nekromantie – und werfen Fragen nach Zustimmung, Würde und der posthumen Kommerzialisierung kreativen Nachlasses auf.

Wenn eine KI beispielsweise einen „neuen" Rembrandt- oder Beatles-Song im Stil der Band generiert, stellt sich die Frage: Handelt es sich dabei um eine respektvolle Fortführung ihres Werkes oder um eine kommerzielle Aneignung? Sollten Erben oder Nachkommen ein Mitspracherecht haben? Haben die Toten künstlerische Rechte? Dies sind Fragen, mit denen sich die Kunstwelt gerade erst auseinandersetzt, die aber mit der Verbesserung der generativen Fähigkeiten immer dringlicher werden.

Schließlich stellt sich die Frage nach der Rolle der Kunst bei der Prägung menschlicher Werte und moralischer Vorstellungskraft. Da KI-generierte Kunst immer alltäglicher wird, kann sie die Kultur nicht nur widerspiegeln, sondern auch prägen. Algorithmen, die auf gewalttätige, sexistische oder rassistische Bilder trainiert werden, können schädliche Narrative verstärken. Umgekehrt kann der ethische Einsatz von KI den Widerstand stärken, Raum für Heilung schaffen und die Zukunft freier gestalten. Die moralische Dimension von KI-Kunst beschränkt sich nicht nur auf ihre Produktionsweise – sie erstreckt sich auch auf ihre Botschaften, ihre Auswirkungen und ihren Platz in der Gesellschaft.

Die ethischen Bedenken im Zusammenhang mit KI-generierter Kunst sind enorm und vielschichtig. Sie betreffen Strafrecht, kulturelle Integrität, kreative Arbeit, das Vertrauen der Zielgruppe und soziale Gerechtigkeit. Auf diesem neuen Terrain ist es entscheidend, über simple Binärsysteme – Mensch versus Maschine, authentisch versus künstlich – hinauszugehen und ein differenzierteres Verständnis von Kreativität als gemeinsamer, sich entwickelnder Prozess zu entwickeln. Dies erfordert nicht nur technologische Innovation, sondern auch ethische Vorstellungskraft – die Bereitschaft, kritische Fragen zu stellen, unterschiedlichen Stimmen Gehör zu schenken und eine Zukunft zu gestalten, in der kreative Freiheit und Verantwortung koexistieren.

KI ist nicht immer von Natur aus moralisch oder unethisch – sie spiegelt die Werte wider, die in ihrem Design, ihrer Bereitstellung und ihrer Nutzung verankert sind. Im Bereich der Kunst, wo es um Bedeutung, Identität und Pracht geht, sind diese Werte von großer Bedeutung. Da wir uns an der Schnittstelle von Code und Subkultur befinden, ist das vor uns liegende Vorhaben offensichtlich: sicherzustellen, dass der Aufschwung der Gerätekreativität das ethische Gefüge des kreativen Ausdrucks bereichert – und nicht untergräbt.

KAPITEL 2

Digitale Kunst mit KI

KAPITEL 2

2.1. Digitale Kunst und KI-Technologie

Die Verschmelzung von künstlicher Intelligenz (KI) und virtueller Kunst eröffnet kreative Möglichkeiten. Mit der Weiterentwicklung von KI-Technologien prägen sie zunehmend die Art und Weise, wie Kunstwerke geschaffen und wahrgenommen werden – von der bildenden Kunst bis hin zu interaktiven Zeugnissen. Im Mittelpunkt dieses Wandels stehen verschiedene KI-gesteuerte Werkzeuge und Techniken, die die Grenzen traditioneller Kreativtechniken erweitern.

Generative Adversarial Networks (GANs) sind die einflussreichste KI-Technologie in der virtuellen Kunst. Diese Netzwerke bestehen aus zwei Komponenten: einem Generator, der Fotos erzeugt, und einem Diskriminator, der deren Qualität bewertet. Durch diesen iterativen Ansatz lernen GANs, immer komplexere und realistischere Fotos zu erzeugen, die bestehenden Kunstwerken ähneln oder völlig neue Kompositionen präsentieren können. Künstler nutzen diese Systeme, um Kunstwerke in unterschiedlichem Ausmaß zu schaffen, die von abstrakten Kreationen bis hin zu hyperrealistischen Darstellungen reichen können.

Der Einfluss der KI erstreckt sich auch auf traditionellere Werkzeuge der digitalen Kunst. Programme, die Künstlern einst die Bearbeitung von Bildern oder das Layout von Bildern ermöglichten, enthalten heute KI-Elemente, die bei der

Auswahl von Komposition, Farbe und Form helfen. Durch die Analyse von Zehntausenden von Datenelementen können diese Tools Anpassungen an einem Layout vorschlagen, die dem Künstler möglicherweise noch nicht offensichtlich sind, und ihn so bei der Gestaltung sensiblerer Bereiche unterstützen.

Die Rolle der KI in der Kunst beschränkt sich nicht nur auf die Entwicklung von Bildern. Die Technologie prägt auch die Bereiche Video, Animation und interaktive Kunst. KI kann heute komplexe Animationen erstellen oder bestehende Videoinhalte modifizieren, sodass Künstler das Medium auf bisher nicht realisierbare Weise nutzen können. Interaktive digitale Kunst, die mithilfe von KI besser geeignet ist, kann in Echtzeit auf Benutzereingaben reagieren und personalisierte Analysen entwickeln, die den Betrachter gezielt ansprechen.

Mit der Weiterentwicklung der KI entwickelt sich auch ihre Fähigkeit zur Zusammenarbeit mit menschlichen Künstlern weiter. Diese Zusammenarbeit verwischt die Grenzen zwischen Autor und Gerät und wirft Fragen zu Autorschaft und Kreativität auf. Während einige argumentieren, dass KI ein Werkzeug ist, das kreativen Ausdruck ermöglicht, behaupten andere, dass die Rolle des Werkzeugs eher der eines Co-Autors ähnelt und Kunstwerke schaffen kann, die nicht unbedingt durch die Nutzung beeinflusst, sondern mithilfe seiner Algorithmen aktiv gestaltet werden.

Trotz dieser philosophischen Fragen besteht absolutes Vertrauen darin, dass KI neue Formen des kreativen Ausdrucks ermöglicht. Sie verändert die digitale Kunstlandschaft und bietet Künstlern neuartige Möglichkeiten, ihre Ideen zu erforschen und ihr Handwerk zu erweitern. Die heute verfügbaren KI-Tools eröffnen Möglichkeiten für kreative Entdeckungen, die vor einigen Jahrzehnten noch undenkbar gewesen wären.

Darüber hinaus hat die zunehmende Verfügbarkeit KI-basierter Kunstwerkzeuge den modernen Prozess demokratisiert und ermöglicht es Menschen mit geringer künstlerischer Ausbildung, beeindruckende Werke zu schaffen. Dies hat zur Entstehung einer neuen Generation von Künstlern geführt, die KI als kreativen Begleiter nutzen und so die Vielfalt der Stimmen und Visionen in der Kunstwelt erweitern. Diese Werkzeuge ermöglichen zudem schnelles Experimentieren und neue Ideen, sodass Künstler mit präzisen Mustern, Techniken und Ideen experimentieren können, ohne den Zwängen traditioneller Techniken zu unterliegen.

Die Zusammenarbeit zwischen Menschen und Maschinen im Bereich der virtuellen Kunst stellt bestehende Definitionen von Kreativität und kreativem Ausdruck in Frage. KI-generierte Kunstwerke werfen Fragen nach der Rolle des Künstlers, dem Wert menschlicher Handarbeit und der Authentizität maschinell geschaffener Werke auf. Sie bieten jedoch auch eine moderne Perspektive auf die sich entwickelnde Beziehung zwischen Technologie und Kreativität sowie das Innovationspotenzial der Kunst weltweit.

Die Entwicklung der KI in der digitalen Kunst steckt noch in den Kinderschuhen, doch die zukünftigen Möglichkeiten sind grenzenlos. Mit der Weiterentwicklung der KI-Technologie wird sie die Prozesse der Schaffung, Bearbeitung und Bewertung von Kunstwerken nachhaltig verändern. Von der Entwicklung neuester innovativer Medien bis hin zur Erweiterung innovativer Möglichkeiten verändert KI die digitale Kunstlandschaft grundlegend und eröffnet etablierten und aufstrebenden Künstlern interessante neue Möglichkeiten.

2.2. Wahrnehmung der Kreativität von KI

Kreativität galt lange Zeit als eine rein menschliche Eigenschaft. Sie wurde mit persönlichem Ausdruck, Vorstellungskraft und Originalität in Verbindung gebracht. Der Aufstieg der künstlichen Intelligenz hat diese Wahrnehmung jedoch in Frage gestellt. KI-Systeme sind heute in der Lage, Kunstwerke, Musik, Literatur und andere innovative Produkte zu schaffen. Da KI zu einem integralen Bestandteil moderner Maschinen wird, verändert sich die öffentliche Wahrnehmung ihrer Rolle in der Kreativität und wirft grundlegende Fragen zur Person der Kreativität selbst auf.

Eine der gängigsten Auffassungen über die Kreativität von KI ist, dass sie lediglich eine oberflächliche Nachbildung oder Imitation menschlicher kreativer Prozesse darstellt. Frühe KI-Modelle wurden oft als Werkzeuge angesehen, die die Formen etablierter Künstler, Komponisten oder Schriftsteller nachahmten. Die von diesen Systemen erzeugten innovativen Ergebnisse wurden als Nebenprodukt betrachtet, dem die Seele und Originalität fehlten, die menschliche Kunstwerke ausmachen. Kritiker argumentierten, dass KI nicht eindeutig innovativ sein könne, da ihr Anerkennung, Emotionen und subjektive Erfahrung fehlten.

Da sich KI-Strukturen jedoch immer moderner entwickelt haben, insbesondere durch Strategien wie Deep Learning und neuronale Netzwerke, erzeugen sie mittlerweile Ergebnisse, die keine Imitationen, sondern eigenständige, neuartige Kreationen sind. Einige KI-generierte Werke gelten als absolut aktuell und eröffnen neue Wege im kreativen Ausdruck. So hat KI beispielsweise völlig neue Stile geschaffen, Musikgenres auf unkonventionelle Weise vermischt oder sogar Gedichte geschrieben, die beim menschlichen Publikum Anklang finden. Diese Fortschritte haben zu einem veränderten Verständnis der Rolle von KI in der Kreativität geführt.

Ein zentrales Argument für KI als innovative Kraft ist, dass Kreativität nicht immer einen menschlichen Verstand erfordert. Kreativität kann vielmehr als eine Fähigkeit betrachtet werden, neue Kombinationen zu schaffen oder Probleme auf neuartige Weise zu lösen – KI gelingt dies immer besser. KI-Systeme können große Datenmengen analysieren, Muster erkennen und neue Möglichkeiten auf eine Weise extrapolieren, die einem menschlichen Komponisten möglicherweise nicht einfällt. Beispielsweise kann KI-generierte Musik Elemente aus verschiedenen Genres oder kulturellen Traditionen kombinieren und so Klänge erzeugen, die für einen menschlichen Komponisten schwer vorstellbar wären. Diese Fähigkeit zu neuartigen Kombinationen wird durch die Verwendung einiger Beispiele deutlich, die belegen, dass KI Kreativität ausdrücken kann, obwohl ihr die menschliche Konzentration fehlt.

Eine weitere Wahrnehmung der Kreativität von KI basiert auf der Idee der Zusammenarbeit zwischen Mensch und Maschine. Anstatt menschliche Künstler zu bekehren, wird KI oft als Werkzeug gesehen, das die menschliche Kreativität erweitern und fördern kann. In dieser kollaborativen Version fungiert KI als kreativer Partner, der Ratschläge gibt, neue Ideen hervorbringt und Ideen liefert, an die der Künstler vielleicht nicht gedacht hätte. Diese Partnerschaft ermöglicht es Künstlern, innovative neue Wege zu beschreiten und Stile und Formen auszuprobieren, die allein schwer zu erreichen wären. So kann ein Künstler KI beispielsweise nutzen, um verschiedene mögliche Entwürfe für ein Gemälde zu erstellen, aus denen er seine bevorzugten Elemente auswählen und verfeinern kann. In diesem Sinne wird KI als Möglichkeit gesehen, Kreativität zu ermöglichen, anstatt sie zu verändern.

Es gibt jedoch auch Bedenken, dass die zunehmende Einbindung von KI in den progressiven Prozess zur Kommerzialisierung der Kunst und zur Erosion menschenzentrierter, revolutionärer Praktiken führen könnte. Einige Kritiker argumentieren, der massive Einsatz von KI in der Kunst würde den Wert menschlicher Kreativität senken, da systemgenerierte Werke immer beliebter und zugänglicher würden. Dieser Auffassung zufolge fehlt der Kreativität von KI die Intensität, Intentionalität und persönliche Verbindung, die menschliche Künstler ihren Kunstwerken verleihen. Kunst wird in diesem traditionellen Sinne heute nicht mehr nur als Produkt, sondern als reflektiertes Bild der Gedanken, Gefühle und Geschichten des Künstlers betrachtet – ein Aspekt, den KI mit ihrem Verlust an Aufmerksamkeit und Gefühlen nicht nachbilden kann.

Gleichzeitig argumentieren manche, dass die Einbindung von KI in die Kreativität zu einer Demokratisierung der Kunst führen sollte. Indem KI leistungsstarke, innovative Tools einem breiteren Publikum zugänglich macht, ermöglicht sie Menschen ohne konventionelle kreative Ausbildung die Interaktion mit dem modernen System. Beispielsweise können KI-basierte Systeme Nicht-Künstlern dabei helfen, Kunstwerke zu schaffen, Gedichte zu schreiben oder Lieder zu komponieren und so die Grenzen überwinden, die den progressiven Ausdruck historisch eingeschränkt haben. In diesem Sinne wird KI als Instrument gesehen, um den Begriff der Kreativität zu erweitern und mehr Menschen die Teilnahme an innovativen Projekten zu ermöglichen.

Die Frage der Urheberschaft stellt sich auch in Diskussionen über die Kreativität von KI. Wenn ein KI-Gerät ein Kunstwerk erzeugt, wer ist dann der eigentliche Schöpfer – das Gerät, das die Bilder produziert hat, oder der Mensch, der das Gerät ausgebildet und programmiert hat? Manche meinen, der menschliche Künstler müsse dennoch als Hauptschöpfer gelten, da er die Parameter festgelegt und die Eingabeinformationen für die KI-Maschine bereitgestellt habe. Andere argumentieren, KI-generierte Werke sollten als Schöpfungen der Maschine selbst behandelt werden, mit dem Gerät als „Schöpfer" des Werks. Dies wirft wichtige Fragen zum Verhältnis von Technologie und Urheberschaft im digitalen Zeitalter auf und stellt traditionelle Vorstellungen davon in Frage, was es bedeutet, ein Schöpfer zu sein.

Da KI in modernen Industrien eine immer größere Rolle spielt, wird ihr Einfluss auf unser Verständnis von Kreativität wahrscheinlich weiter zunehmen. KI stellt die traditionelle Vorstellung in Frage, dass Kreativität eine rein menschliche Eigenschaft ist, und eröffnet neue Denkansätze für den modernen Prozess und die Rolle von Maschinen in der Kunst. Ob als Werkzeug, als Kollaborateur oder als eigenständiger

Autor – das Engagement von KI in der Welt der Kreativität verändert die Innovationslandschaft und zwingt uns, zu überdenken, was wahre Innovation bedeutet.

Die Wahrnehmung der Kreativität von KI ist weiterhin im Wandel, und mit dem Wandel der Zeit entwickeln sich viele außergewöhnliche Perspektiven. Da sich KI weiterentwickelt und ihre Funktion in kreativen Bereichen immer stärker etabliert, ist es sehr wahrscheinlich, dass neue Rahmenbedingungen für Wissen und den Vergleich von Kreativität entstehen, die sowohl menschliche als auch maschinelle Beiträge berücksichtigen. Ob KI nun als echte kreative Kraft oder als Werkzeug menschlicher Künstler wahrgenommen wird, ihre Auswirkungen auf die Kunstwelt sind offensichtlich, und ihre Fähigkeit, innovative Praktiken umzusetzen, ist enorm.

2.3. Soziale und kulturelle Auswirkungen digitaler Kunst

Digitale Kunst hat sich als transformative Kraft im modernen Lebensstil herausgestellt und beeinflusst maßgeblich, wie Kunst geschaffen, konsumiert und bevorzugt wird. Als moderne Grenze des innovativen Ausdrucks bietet virtuelle Kunst einzigartige Herausforderungen und Möglichkeiten für Künstler und die Gesellschaft insgesamt. Ihre durch den technologischen Fortschritt vorangetriebene Entwicklung hat nicht nur den Charakter von Kunstwerken selbst, sondern auch ihre umfassenderen sozialen und kulturellen Auswirkungen neu definiert.

Eine der auffälligsten sozialen Auswirkungen der digitalen Kunst ist ihre Demokratisierung des kreativen Prozesses. Traditionelle Kunstformen erforderten oft spezielle Fähigkeiten, den Zugang zu teuren Materialien oder eine formale Ausbildung. Digitale Geräte hingegen haben es einem viel breiteren Personenkreis ermöglicht, Kunstwerke zu schaffen und zu präsentieren. Software wie Photoshop, Illustrator und neuerdings auch KI-gestützte Kunstsysteme ermöglichen es jedem mit einem Computer oder Smartphone, beeindruckende Bilder, Animationen oder sogar digitale Installationen zu erstellen. Dies hat die Zugangsbarrieren für aufstrebende Künstler verringert und eine explosionsartige Zunahme innovativer Stimmen mit unterschiedlichem Hintergrund ermöglicht. Dadurch ist die digitale Kunst inklusiver geworden und eröffnet neue Möglichkeiten der Selbstdarstellung und Identität.

Darüber hinaus hat der Aufschwung digitaler Kunst zu einem Wandel in der Kunstnutzung geführt. Früher war Kunst oft auf Galerien, Museen und spezielle physische Orte beschränkt und somit nur denjenigen zugänglich, die Zeit, Ressourcen oder das Privileg hatten, sie persönlich zu erleben. Digitale Kunst hingegen kann problemlos online geteilt und verbreitet werden, sodass Menschen weltweit in Echtzeit auf sie zugreifen und sie genießen können. Plattformen wie Instagram, Behance und Online-Galerien haben sich zu bevorzugten Plattformen für die Präsentation und Entdeckung digitaler Kunst entwickelt und umgehen dabei traditionelle Zugangspunkte wie Galerien und Kritiker. Dies hat die Kunstwelt grundlegend verändert und Künstlern neue Möglichkeiten eröffnet, ein internationales Publikum zu erreichen, und Kunstliebhabern die Möglichkeit gegeben, Werke von Künstlern zu entdecken, denen sie sonst vielleicht nie begegnet wären.

Dieser Wandel hin zum Virtuellen bringt auch neue Formen der Kunstkuratierung und -kritik mit sich. Während traditionelle Kunstformen häufig innerhalb fester institutioneller Rahmenbedingungen kritisiert wurden, hat die virtuelle Kunst neue Formen der Bewertung und Interaktion hervorgebracht. Soziale Medien ermöglichen beispielsweise die Kritik, den Austausch und die Interaktion mit Kunst durch ein Publikum, das nicht Teil der traditionellen Kunstwelt ist. Dadurch kann virtuelle Kunst in Echtzeit entstehen, wobei Reaktionen und Kommentare des Publikums die Herangehensweise des Künstlers beeinflussen. Dies hat zu einem partizipativeren Lebensstil geführt, in dem die Grenzen zwischen Künstler und Konsument verschwimmen.

Im kulturellen Bereich hatte die digitale Kunst tiefgreifende Auswirkungen auf die kulturelle Produktion und

Repräsentation. Durch die Verbesserung der kreativen Möglichkeiten ermöglichte die digitale Kunst die Darstellung ehemals marginalisierter Stimmen und Ansichten. Künstlerinnen und Künstler aus unterrepräsentierten Gruppen, unabhängig davon, ob sie aufgrund ihrer ethnischen Herkunft, ihres Geschlechts oder ihrer sozioökonomischen Herkunft unterrepräsentiert sind, haben neue Möglichkeiten gefunden, ihre Erinnerungen und Geschichten durch digitale Plattformen auszudrücken. Dies hat zu einer größeren Vielfalt in der Kunst weltweit geführt, dominante kulturelle Narrative in Frage gestellt und Menschen eine Stimme gegeben, die traditionell von den etablierten Kulturkreisen ausgeschlossen waren.

Darüber hinaus hat virtuelle Kunst die Entwicklung neuer kultureller Ausdrucksformen gefördert, die vor dem Aufkommen virtueller Technologien nicht realisierbar waren. Virtual Reality (VR), Augmented Reality (AR), interaktive Installationen und algorithmisch generierte künstlerische Arbeiten eröffnen neue Wege der kreativen Auseinandersetzung. Diese neuen Medien erweitern die Grenzen traditioneller Kunst und ermöglichen immersive und partizipative Erlebnisse, die den Betrachter auf neuartige Weise interagieren lassen. VR-Kunst ermöglicht es dem Betrachter beispielsweise, in eine virtuelle Welt einzutauchen und das Kunstwerk so zu erleben, als wäre er physisch darin anwesend. Diese Verbesserungen haben nicht nur die Möglichkeiten für Künstler erweitert, sondern auch die Art und Weise verändert, wie Menschen mit Kunst interagieren und sie erleben, und so ein immersiveres und partizipativeres kulturelles Umfeld geschaffen.

Der Aufschwung der digitalen Kunst hat jedoch auch Bedenken aufgeworfen, vor allem hinsichtlich Originalität, Urheberrecht und Authentizität. Da digitale Kunstwerke reproduziert und verteilt werden können, werden Fragen zum Eigentum an virtuellen Werken zunehmend komplexer. Die Möglichkeit, virtuelle Dokumente zu duplizieren und einzufügen, hat Debatten über den Preis konkreter virtueller Kunstwerke ausgelöst. Im Gegensatz zu herkömmlichen Gemälden, bei denen ein einzelnes physisches Werk oft als „Unikat" gilt, existiert digitales Kunstwerk als Dokument, das dauerhaft reproduziert werden kann. Dies wirft Fragen darüber auf, wie die Authentizität digitaler Kunst in einem Zeitalter definiert und geschützt werden kann, in dem Kopien nicht mehr vom Original zu unterscheiden sind. Darüber hinaus erhöht die Zugänglichkeit virtueller Kunstwerke das Risiko von Piraterie, was die Fragen der Entschädigung und der Rechte am geistigen Eigentum für Künstler erschwert.

Die Vergänglichkeit digitaler Gemälde stellt eine weitere Herausforderung dar. Im Gegensatz zu herkömmlichen Kunstwerken, die als greifbare Objekte existieren, werden digitale Kunstwerke oft in Formaten gespeichert, die im Laufe der Jahre veralten können. Beispielsweise kann ein heute erstelltes digitales Dokument aufgrund sich ändernder Technologien oder Softwareformate irgendwann unlesbar werden. Dies erzeugt ein Gefühl der Fragilität digitaler Kunst und wirft Fragen zu ihrer langfristigen Erhaltung und ihrem Erbe auf. Als Reaktion darauf gab es in der Kunstwelt Bemühungen, Archivierungsmethoden für digitale Werke zu entwickeln, um ihr Überleben für zukünftige Generationen zu sichern. Die Frage, wie die immaterielle Natur digitaler Gemälde bewahrt werden kann, bleibt jedoch eine fortwährende Aufgabe.

Die kulturellen Auswirkungen virtueller Kunst reichen über die Kunstwelt hinaus und beeinflussen breitere gesellschaftliche Dispositionen. Der Aufschwung virtueller Kunstwerke steht in engem Zusammenhang mit dem allgemeinen Phänomen des digitalen Lebensstils und der zunehmenden Bedeutung von Technologie im Alltag. So wie soziale Medien und Online- Strukturen die Art und Weise verändert haben, wie Menschen kommunizieren und interagieren, haben sie auch die Art und Weise verändert, wie Kunst produziert, konsumiert und bewertet wird. Die digitale Kunst steht oft im Mittelpunkt dieser Veränderungen und spiegelt die Prozesse wider, mit denen die Technologie alle Aspekte des modernen Lebens verändert.

Darüber hinaus spielt virtuelle Kunst eine Rolle in der sich entwickelnden Beziehung zwischen Menschen und Generationen. Da KI und maschinelles Lernen das

Erscheinungsbild digitaler Kunst zunehmend beeinflussen, rücken Fragen nach der Rolle des menschlichen Schöpfers im Entstehungsprozess in den Vordergrund. Ist Kunst tatsächlich ein „Gemälde", wenn sie von einem Gerät erzeugt wird? Was bedeutet es für den Künstler, wenn ein Gerät ein Element erschaffen kann, das von menschlicher Kunst nicht zu unterscheiden ist? Diese Fragen stellen traditionelle Vorstellungen von Kreativität und Autorschaft in Frage. Da sich die digitale Kunst stetig weiterentwickelt, wird sich auch unser Verständnis davon, was es bedeutet, im digitalen Zeitalter ein Autor zu sein, weiterentwickeln.

Digitale Kunst verändert nicht nur die Art und Weise, wie Kunstwerke geschaffen und konsumiert werden, sondern auch die kulturellen und sozialen Systeme, die sie umgeben. Ihr Einfluss geht über die Kunstwelt hinaus und beeinflusst Fragen der Zugänglichkeit, Darstellung, Authentizität und der Rolle der Technologie im Alltag. Digitale Kunst bietet zwar neue Möglichkeiten für Kreativität und Ausdruck, wirft aber auch wichtige Herausforderungen auf, die im Zuge der sich ständig weiterentwickelnden Technologie sorgfältig bedacht werden müssen. Letztlich dient digitale Kunst sowohl als Spiegelbild als auch als Katalysator für den fortschreitenden Wandel von Gesellschaft und Lebensstil im digitalen Zeitalter.

2.4. Interaktive digitale Kunst und KI

Die Konvergenz von Künstlicher Intelligenz (KI) und interaktiver digitaler Kunst stellt einen der transformativsten Trends in der Geschichte der Kreativität und des menschlichen Ausdrucks dar. Im Gegensatz zu konventioneller statischer oder linearer Kunst zeichnet sich interaktive digitale Kunst durch ihre Reaktionsfähigkeit aus – ihre Fähigkeit, sich an Besucher, Nutzer oder Umweltreize anzupassen und auf diese zu reagieren. In Kombination mit den Fähigkeiten der KI geht diese Reaktionsfähigkeit über einfaches programmiertes Verhalten hinaus und ermöglicht immersive, adaptive oder sogar empfindungsfähige Studien, die die Beziehung zwischen Autor, Kunstwerk und Publikum neu definieren.

KI-gestützte interaktive Kunst geht über das bloße Reagieren auf Eingaben hinaus; sie lernt, prognostiziert und kreiert in Echtzeit. Diese Interaktivität ist nicht mehr auf vordefinierte Pfade oder Menüoptionen beschränkt, sondern entsteht dynamisch basierend auf Benutzerverhalten, Emotionen, Stimme, Gesten, biometrischen Daten oder sogar dem sozialen Kontext. Durch dieses multidimensionale Engagement verwandelt KI virtuelle Kunst von einem Medium in ein lebendiges System, das sich gemeinsam mit seiner Zielgruppe und seiner Umgebung weiterentwickelt.

Um dieses Phänomen zu verstehen, müssen wir bei den Wurzeln der interaktiven Kunst beginnen, die im späten 20.

Jahrhundert mit dem Aufkommen computergestützter Installationen einen prominenten Auftritt hatte. Frühe Pioniere wie Jeffrey Shaw, Myron Krueger und Lynn Hershman Leeson schufen Werke, die es den Betrachtern ermöglichten, über Sensoren, Kameras oder körperliche Bewegung zu interagieren. Diese Systeme waren zwar bahnbrechend, aber durch die Spannung ihrer Programmierung eingeschränkt. Das Aufkommen von System Learning und Echtzeit-Datenverarbeitung veränderte diese Landschaft grundlegend und ermöglichte es der KI, die Interaktivität auf weitaus komplexere und intuitivere Weise zu steuern.

Einer der bekanntesten Bereiche, in denen KI die interaktive digitale Kunst verändert hat, ist die emotionale und verhaltensbezogene Reaktionsfähigkeit. Durch Technologien wie Gesichtserkennung, Stimmungsanalyse und Affective Computing können KI-gestützte künstlerische Arbeiten nun emotionale Signale – wie Freude, Trauer, Wut oder Staunen – erkennen und entsprechend reagieren. Beispielsweise kann ein digitales Gemälde seine Farbpalette und Bewegung an den Ausdruck des Betrachters anpassen und so eine dynamische emotionale Rückkopplungsschleife zwischen Betrachter und Werk erzeugen. Dies schafft nicht nur ein persönlicheres Erlebnis, sondern auch eine Form empathischer Kunst – eine Kunst, die menschliche Gefühle erkennt und darauf reagiert.

In Installationen wie Rafael Lozano-Hemmers „Pulse Room" verarbeitet KI die über biometrische Sensoren erfassten Herzschläge der Teilnehmer und wandelt sie in rhythmische Lichtimpulse im gesamten Raum um. Jeder neue Besucher hinterlässt seinen physiologischen Abdruck, der sich dann mit dem kollektiven Rhythmus der anderen verbindet. So entsteht eine vielschichtige, sich entwickelnde Erzählung der Präsenz – eine, in der Kunstwerke zu Aufzeichnungen gemeinsamer biologischer Erfahrungen werden, die durch intelligente Systeme vermittelt werden.

Eine weitere überzeugende Anwendung von KI in interaktiven digitalen Kunstwerken ist die Verwendung von Natural Language Processing (NLP). Interaktive Poesiewände, Chatbots in virtuellen Galerien oder KI-gesteuerte Charaktere in immersiven Umgebungen ermöglichen den verbalen Austausch zwischen Publikum und Kunstwerk. Diese Systeme können Gespräche führen, ihren Sprachstil an die Person anpassen oder als Reaktion auf Eingaben neue Textelemente verfassen. In Projekten wie Ross Goodwins „1 the Road" basiert KI-generierte Reiseliteratur in Echtzeit auf Umweltdaten, GPS-Daten und visuellen Bildern – wodurch die Grenzen zwischen Autor, Umgebung und Algorithmus verschwimmen.

Interaktivität nimmt auch in immersiven KI-Umgebungen, wie sie von digitalen Künstlern wie Refik Anadol geschaffen wurden, räumliche und architektonische

Dimensionen an. Seine Projekte, darunter „Machine Hallucinations" und „Quantum Memories", nutzen riesige Datensätze und System-Learning-Algorithmen, um sich ständig bewegende, traumhafte Landschaften im öffentlichen Raum zu erschaffen. Diese Werke reagieren auf die Bewegungen, die Anwesenheit und manchmal sogar auf die Gehirnaktivität der Besucher und ermöglichen so Kunstbetrachtungen, die sowohl kollektiv als auch zutiefst persönlich sein können. KI fungiert hier sowohl als Kurator als auch als Choreograf und gestaltet Räume, die sich organisch entwickeln, während Menschen sie durchqueren.

KI verleiht Interaktivität zudem eine zeitliche Intensität. Im Gegensatz zu traditionellen Kunstwerken, die von Moment zu Moment gleich bleiben, können KI-basierte interaktive Elemente nicht vergessen. Sie können über Jahre hinweg Informationen sammeln, wiederkehrende Teilnehmer erfassen, sich an langfristige Trends anpassen und Narrative generieren, die an Komplexität zunehmen. Dies führt das Konzept des Gedächtnisses in die Kunst ein – nicht als statisches Archiv, sondern als lebendige Intelligenz, die aus jeder Interaktion lernt. Ein Kunstwerk kann sich basierend auf den gesammelten Emotionen vieler Betrachter entwickeln oder seine thematische Ausrichtung basierend auf den Formen kollektiven Engagements verändern.

In der klangbasierten und musikalischen interaktiven Kunst hat KI Kunstwerke ermöglicht, die in Echtzeit auf menschliche Eingaben harmonisieren oder reagieren. Beispielsweise kombinieren Installationen wie „Instruments of the Afterlife" des Künstlers Tega Brain Biosensoren mit KI, um sich entwickelnde Musikkompositionen zu erzeugen, die vollständig auf Umwelt- und physiologischen Statistiken basieren. Diese Strukturen reagieren nicht direkt – sie improvisieren und bewegen sich in einer Art Duett mit dem Spieler. Das Ergebnis ist keine lineare Audiowiedergabe, sondern eine sich ständig verändernde Klangumgebung, die von Mensch und Gerät gemeinsam gestaltet wird.

Der Aufschwung von VR- (Virtual Reality) und AR- (Augmented Reality) Systemen hat die Möglichkeiten für KI-gestützte Interaktivität noch weiter erweitert. In diesen immersiven Welten können KI-Agenten als intelligente Charaktere, Klassen oder Mitgestalter fungieren. Beispielsweise können Nutzer in KI-gesteuerten VR-Kunstwerken eine surreale Welt entdecken, in der sich die Szenerie je nach Blick, Stimme oder Bewegung verändert. KI ermöglicht es diesen Umgebungen, sich anzupassen, Erinnerungen zu erleben oder sogar zu erzählen – als direkte Reaktion auf das Benutzerverhalten. Dadurch verschwimmt die Grenze zwischen Betrachter und Schöpfer und der Spieler wird zum Mitgestalter eines lebendigen Kunstwerks.

KI verleiht Interaktivität auch eine moralische Dimension. Da viele KI-basierte interaktive künstlerische Projekte auf statistischen Daten von Nutzern basieren – von Gesichtsausdrücken bis hin zu emotionalen Reaktionen auf biometrische Signale –, rücken Fragen der Privatsphäre, der Einwilligung und der Handlungsfähigkeit in den Mittelpunkt. Künstler sollten sich bewusst machen, wie Daten erhoben, verarbeitet, gespeichert und potenziell wiederverwendet werden. Ethische interaktive Kunst sollte Transparenz, Anonymisierung und eine transparente Kommunikation über die verwendeten Strukturen gewährleisten. Das Gleichgewicht zwischen Personalisierung und Überwachung ist sensibel, und da KI immer besser darin wird, intime menschliche Signale zu entschlüsseln, wird die Einsicht der Nutzer von größter Bedeutung.

Wichtig ist, dass KI nichtlineares Geschichtenerzählen und narratives Erkunden in der interaktiven Kunst ermöglicht. Anstatt Nutzer durch ein starres Erlebnis zu führen, können Künstler narrative Netze schaffen, in denen jede Interaktion einen neuen Weg eröffnet, verborgene Ebenen freischaltet oder das Ergebnis völlig verändert. Dies wurde bereits im interaktiven Theater, in virtuellen Romanen und spielerischen Kunstberichten untersucht, in denen KI den Verlauf der Geschichte in Echtzeit bestimmt, basierend auf den Bewegungen oder emotionalen Zuständen des Spielers. Diese

Geschichten lassen sich oft nicht vollständig wiederholen, da KI und Spieler jedes Mal ein einzigartiges kreatives Ereignis gemeinsam erschaffen.

Solche Untersuchungen führen auch eine neue Ästhetik der Entstehung ein. In traditionellen Kunstformen gestaltet der Künstler jedes Detail des Werks. Im Gegensatz dazu enthält KI-basierte, interaktive virtuelle Kunst oft Elemente der Unvorhersehbarkeit und des Chaos. Der Künstler legt die Ausgangsbedingungen fest, trainiert die Maschine und definiert die Parameter – die endgültige Form entsteht jedoch durch Interaktion. Dies ermöglicht Zufall, Entdeckung und kreative Momente, die selbst den Autor überraschen.

Bildungseinrichtungen und Museen haben begonnen, diese Innovationen zu nutzen. Interaktive Ausstellungen zeigen nun KI-Kunstwerke, die Besucher zum Mitmachen, Interagieren und Reflektieren einladen. So zeigte beispielsweise die Ausstellung „AI: More Than Human" im Barbican Installationen, in denen Besucher KI-generierte Musik, Texte und Bilder mitgestalten konnten. Dies enthüllte die Funktionsweise von Algorithmen und hob die Rolle des Menschen in der Gerätekreativität hervor. Solche Ausstellungen laden zu kritischer Kommunikation ein und fordern das Publikum nicht nur auf, die Auswirkungen von KI auf Kunst und Gesellschaft zu erleben, sondern auch zu hinterfragen.

Darüber hinaus hat KI die interaktive Kunst demokratisiert, indem sie es Künstlern ohne Programmierkenntnisse ermöglicht, komplexe, responsive Kunstwerke zu entwickeln. Plattformen wie Runway ML, Processing und TouchDesigner bieten visuelle Programmierumgebungen, in denen Künstler ohne fortgeschrittene technische Kenntnisse Moden schulen, Interaktionsstrukturen aufbauen und immersive Geschichten gestalten können. Diese Demokratisierung hat eine neue Generation von Künstlern – Dichtern, Tänzern und Malern – hervorgebracht, die Interaktivität durch die Linse von Gerätebeherrschung, Computervision und neuronalen Netzwerken erforschen.

Trotz dieser Verbesserungen bleiben Herausforderungen bestehen. Mit der Weiterentwicklung der KI könnte die Komplexität der Interaktivität das menschliche Verständnis übersteigen. Systeme, die sich in Echtzeit an undurchsichtige Gerätelernmodelle anpassen, können unvorhersehbar oder undurchschaubar werden. Für das Publikum kann dies Überraschung oder Befremdung hervorrufen. Für Entwickler stellt dies die Fehlerbehebung, Verfeinerung oder Sicherstellung der Intentionalität des Benutzererlebnisses vor Herausforderungen. Transparenz, Erklärbarkeit und nutzerzentriertes Design sind unerlässlich, um sicherzustellen, dass KI-basierte interaktive künstlerische Projekte ansprechend und sinnvoll bleiben, anstatt frustrierend oder verwirrend zu sein.

Hinzu kommt die philosophische Frage nach Autorschaft und Kontrolle. Wer ist der wahre Autor künstlerischer Arbeiten, die durch Interaktion und maschinelles Lernen entstehen? Der Künstler, der das Gerät entworfen hat? Die KI, die den Inhalt gestaltet? Der Spieler, dessen Input das Ergebnis bestimmt? Interaktive digitale Kunst mit KI stellt in vielerlei Hinsicht das Konzept der Autorschaft in Frage und lädt uns ein, in Begriffen von geteiltem Unternehmertum und verteilter Kreativität zu denken.

Interaktive digitale Kunst, angetrieben durch KI, ist nicht nur ein neues Genre – sie stellt einen Paradigmenwechsel dar. Sie definiert die Verbindung zwischen Schöpfung und Ausdruck, zwischen Betrachter und Betrachtetem neu. Sie lädt uns ein, lebendige Kunstwerke zu erleben, zu beobachten, zu erinnern und sich anzupassen. Diese Werke sind keine statischen Reflexionen der Vision eines Künstlers, sondern Dialoge, die sich von Moment zu Moment zwischen Mensch und Maschine, Präsenz und Erinnerung, Zufall und Gestaltung entfalten.

In diesem Raum der Interaktivität ist KI nicht nur ein Werkzeug – sie wird zum Partner in der Poesie, zum Kollaborateur im Unbekannten. Sie besitzt die Fähigkeit, neue emotionale Landschaften, neue Formen der Partizipation und neue Definitionen dessen zu erschließen, was es bedeutet, Kunstwerke zu schaffen – und durch sie bewegt zu werden.

2.5. KI-Tools für bildende Künstler

Die bildenden Künste waren schon immer eng mit den Technologien ihrer Zeit verwoben. Von der Entdeckung der Camera Obscura in der Renaissance bis zu den virtuellen Pinseln des 21. Jahrhunderts haben Künstler die ihnen zur Verfügung stehenden Mittel stets übernommen und neu definiert. In den letzten Jahren hat sich Künstliche Intelligenz (KI) als die disruptivste und generativste Kraft in dieser Tradition herausgestellt – sie hat einen tiefgreifenden Wandel in der Art und Weise eingeleitet, wie bildende Künstler ihre Gemälde konzipieren, produzieren und präsentieren. KI-Geräte sind nicht auf die Randbereiche experimenteller Praxis beschränkt; sie werden für das moderne Kunstschaffen unverzichtbar und bieten Künstlern außergewöhnliche Fähigkeiten zum Kreieren, Iterieren, Simulieren und Zusammenarbeiten.

Der Aufstieg der KI in der bildenden Kunst dreht sich nicht nur um Automatisierung oder Effizienz – es geht um deren Erweiterung. Diese Werkzeuge ermöglichen es Künstlern, ihr Vertrauen zu stärken, ihre Strategien zu vervielfältigen und neue konzeptionelle Wege zu finden. Sie bieten zudem neue Formen der visuellen Sprache und Ästhetik, die bisher nicht möglich waren. Ob durch generative Netzwerke, Modewechsel, Bildsynthese, Segmentierung, Upscaling oder datenbasierte Mustererkennung – KI ermöglicht ein neues Paradigma, in dem die Grenze zwischen menschlichem Instinkt und Geräteintelligenz zu einem fruchtbaren Raum der Zusammenarbeit wird.

Zu den innovativsten KI-Tools für bildende Künstler zählen Generative Adversarial Networks (GANs). GANs wurden 2014 von Ian Goodfellow und seinen Kollegen entwickelt und sind Machine-Learning-Frameworks, in denen zwei neuronale Netzwerke – der Generator und der Diskriminator – in einem Nullsummenspiel gegeneinander antreten. Diese Struktur ermöglicht die Erzeugung neuer, realistischer Bilder, die statistisch nicht von Bildungsdaten zu unterscheiden sind. Bildende Künstler wie Mario Klingemann, Anna Ridler und Robbie Barrat nutzen GANs, um eindringliche Bilder, fließende Abstraktionen und surreale Landschaften zu erzeugen, wobei die Grenze zwischen menschengemacht und maschinell erzeugt oft verschwimmt.

Tools wie Runway ML haben GANs und andere komplexe Machine-Learning-Modelle auch für Künstler ohne Programmierkenntnisse zugänglich gemacht. Runway bietet eine grafische Oberfläche, über die Nutzer KI-Modelle per Drag & Drop in ihren Workflow integrieren können. Dies ermöglicht Funktionen wie Stilübertragung, Fotosynthese, Text-zu-Foto-Konvertierung, Hintergrundentfernung,

Gesichtsaustausch und vieles mehr. Künstler können ihre eigenen Modelle trainieren oder vorgefertigte Modelle verwenden, Variablen anpassen und Ergebnisse in Echtzeit kombinieren. Diese Modularität macht Machine Learning zu einem fließenden Teil des kreativen Prozesses, ähnlich wie die Auswahl eines Pinsels oder einer Farbpalette.

Eine weitere transformative Kategorie ist die Text-zu-Bild-Technologie, die mit der Veröffentlichung von Modellen wie DALL•E, Midjourney und Stable Diffusion explosionsartig in den Mainstream gelangte. Diese Modelle, die auf großen Datensätzen von Bild-Untertitel-Paaren basieren, ermöglichen es Künstlern, aus einfachen Textaufforderungen hochspezifische Bilder zu generieren. Die Auswirkungen auf visuelles Storytelling, konzeptionelles Skizzieren und spekulatives Design sind enorm. Ein bildender Künstler kann nun eine Szene beschreiben – „eine futuristische Stadt, die in den Wolken schwebt, gemalt im Stil von Monet" – und ein KI-generiertes Bild erhalten, das als Inspiration, Referenz oder sogar als endgültiges Werk dient.

Text-zu-Bild-Geräte sind nicht bloße Assistenten; sie fungieren oft als Mitgestalter. Sie fordern den Künstler auf, seine Impulse zu verfeinern, visuelle Aspekte sprachlich zu reflektieren und die Unberechenbarkeit der Gerätekreativität zu verkörpern. Auch wenn diese Systeme Kunst nicht wie Menschen wahrnehmen, führt ihre Fähigkeit zur

Gegenüberstellung, Variation und surrealen Erfindung regelmäßig zu verblüffenden und inspirierenden Effekten. Die iterative Schleife zwischen Inspiration und Ergebnis kann zu einer neuen Form des Pinselstrichs führen – einer, die Sprache und Vision vereint.

Auch bildende Künstler, die mit Fotografie und digitaler Bildbearbeitung arbeiten, schätzen KI-basierte Fotobearbeitungstools. Anwendungen wie Gigapixel AI von Topaz Labs, Neural Filters von Adobe Photoshop und Luminar Neo bieten erweiterte Funktionen zur Rauschunterdrückung, Verfeinerung, Gesichtsverfeinerung, Himmelsersatz und Hintergrundgenerierung. Diese Tools nutzen tiefgreifendes Verständnis von Modellen, die auf großen Bilddatensätzen basieren, um Aufgaben zu erfüllen, die früher eine sorgfältige manuelle Bearbeitung erforderten. Mit einem einzigen Klick kann ein Künstler ein Bild mit niedriger Auflösung mit atemberaubender Klarheit hochskalieren oder ein Porträt mit anständigem Realismus subtil altern oder verjüngen.

Im Bereich der Bildsegmentierung und Objekterkennung bieten Tools wie Adobe Sensei, DeepArt und OpenCV AI Kit Künstlern präzise Kontrolle über kompositorische Elemente. KI kann Objekte, Personen oder Fähigkeiten in einem Foto herausfiltern und isolieren, was komplexe Collagen, Überlagerungen und Überlagerungen ermöglicht. Dies ist besonders vorteilhaft in Mixed-Media- und virtuellen Mal-

Workflows, in denen Künstler oft unterschiedliche Elemente zu stimmigen visuellen Narrativen integrieren.

Stiltransfer ist eine weitere effektive Anwendung von KI für bildende Künstler. Ursprünglich durch Studien von Gatys et al. populär gemacht, ermöglicht Stiltransfer die Anwendung der Ästhetik eines Bildes (wie beispielsweise der Pinselstriche von Van Gogh oder der Texturen des Kubismus) auf den Inhalt eines anderen Fotos. Diese Technik wurde in mobile Apps wie Prisma sowie in professionelle Plattformen wie DeepArt und Playform.Io integriert. Künstler nutzen Stiltransfer, um Fotos, Skizzen oder sogar Videos durch die Linse verschiedener visueller Idiome neu zu interpretieren. Dies führt oft zu hybriden Mustern, die über traditionelle Kunstrichtungen hinausgehen.

Für Künstler, die mit Daten als Medium arbeiten möchten, bieten KI-basierte Visualisierungstools enorme kreative Möglichkeiten. Systeme wie Processing, TouchDesigner und P5.Js ermöglichen die Entwicklung generativer Visualisierungen, die auf Echtzeitdaten basieren – Wettermuster, Social-Media-Aktivitäten, Bewegungsverfolgung oder biometrisches Feedback. In Kombination mit Modellen des maschinellen Lernens können diese Systeme Muster, Anomalien oder Rhythmen erkennen, die der menschlichen Wahrnehmung entgehen. Künstler können diese Fähigkeit nutzen, um dynamische, responsive Installationen zu schaffen, die die verborgenen Ströme unserer digitalen und physischen Umgebungen widerspiegeln.

Die Integration von KI in 3D-Modellierung und -Animation hat auch bildenden Künstlern in den Bereichen Skulptur, Spieldesign, virtuelle Realität und Bewegtbild neue Möglichkeiten eröffnet. Tools wie NVIDIA Omniverse, Blenders KI-Add-ons und Autodesks generatives Design-Tool ermöglichen prozedurale Dokumentenverarbeitung, intelligentes Rigging, praktische Texturgenerierung und sogar Verhaltenssimulation. KI kann Strukturoptimierungen vorschlagen, Lücken in Animationen schließen oder anhand weniger Eingabeskizzen oder Gesten völlig neue Assets generieren.

In kollaborativen Studioumgebungen wird KI zur Optimierung von Arbeitsabläufen und für innovatives Feedback eingesetzt. Plattformen wie Krita, Magenta Studio oder sogar GitHub Copilot (wenn sie für visuelles Scripting angepasst sind) unterstützen Künstler durch die automatische Code-Vervollständigung, die Vorhersage innovativer Auswahlmöglichkeiten oder die Bereitstellung zugehöriger visueller Referenzen. KI-Systeme können als intelligente Assistenten fungieren, Farbpaletten vorschlagen, kompositorische Kritik üben oder Inkonsistenzen in der Bildgestaltung und der Beleuchtung erkennen.

Einer der vielversprechendsten Trends ist die Entstehung KI-basierter Strukturen, in denen Kunstwerke dynamisch sind und sich hauptsächlich auf der Grundlage von Betrachterinteraktionen oder externen Statistiken weiterentwickeln. Tools wie Artbreeder, GANPaint Studio und DeepDream ermöglichen es Nutzern, visuelle Elemente über intuitive, auf Deep Learning basierende Schnittstellen zu steuern. Diese Plattformen verwischen häufig die Grenze zwischen Kreation und Kuratierung und ermöglichen es Künstlern, verborgene Bereiche zu erkunden, in denen jede Bewegung, Entscheidung oder Parameteränderung zu einem völlig neuen visuellen Ergebnis führt.

Darüber hinaus ermöglicht KI den Zugang zu hochentwickelter, innovativer Ausrüstung. Aufstrebenden Künstlern, die möglicherweise keinen Zugang zu herkömmlicher Bildung oder teuren Geräten haben, bietet KI die Möglichkeit, auf professionellem Niveau zu experimentieren, Prototypen zu entwickeln und zu veröffentlichen. Open-Source-Modelle, kostenlose Plattformen und kollaborative Repositorien wie Hugging Face, Google Colab und Papers with Code ermöglichen Künstlern den Umgang mit modernster KI-Technologie ohne tiefgreifende technische Kenntnisse.

Die zunehmende Verbreitung von KI-Geräten bringt jedoch auch Herausforderungen mit sich. Die Leichtigkeit und Geschwindigkeit, mit der KI hervorragende Bilder erzeugen kann, kann zu übermäßiger Abhängigkeit oder kreativer

Selbstgefälligkeit führen. Künstler müssen die Balance zwischen werkzeugbasierter Leistung und konzeptioneller Tiefe finden. Es besteht zudem die Gefahr einer Homogenisierung, bei der viele Künstler dieselben Modelle und Datensätze verwenden, was zu einer Annäherung visueller Stile und Motive führt. Um dem entgegenzuwirken, trainieren einige Künstler individuelle KI-Modelle anhand privater Datensätze und stellen so sicher, dass ihre KI-generierten Werke eine eigene Stimme und Sensibilität widerspiegeln.

Ein weiterer wichtiger Aspekt ist die ethische Urheberschaft. Beim Einsatz von KI-Tools, die auf riesigen, oft unkuratierten Fotokorpora basieren, müssen sich Künstler mit Fragen zu Originalität, Besitz und Einfluss auseinandersetzen. Wem gehören die Ergebnisse einer DALL•E-Version, die auf Tausenden urheberrechtlich geschützter Fotos basiert? Sollten Künstler ihren KI-Einsatz in Ausstellungen oder Publikationen offenlegen? Diese Fragen bleiben offen und erfordern eine anhaltende Diskussion in der Kunstszene.

Das größte Potenzial von KI-Tools für bildende Künstler liegt nicht in der Wahl, sondern in der Zusammenarbeit. KI kann als Muse, Provokateur, Repräsentant oder Kritiker fungieren. Sie kann überraschen, fordern und initiieren. Sie kann große visuelle Daten verarbeiten und den Künstler mit Gegenüberstellungen beschenken, die er sich nie hätte vorstellen können. So wird der kreative Prozess zum Dialog –

nicht nur zwischen Mensch und Leinwand, sondern auch zwischen Mensch und Code, Intuition und Berechnung.

Der Werkzeugkasten des bildenden Künstlers befindet sich in einem tiefgreifenden Wandel. KI ist kein einzelnes Werkzeug, sondern eine Konstellation vernetzter Strukturen, die maßgeschneidert, optimiert und trainiert werden können, um den individuellen Bedürfnissen jedes innovativen Geistes gerecht zu werden. Ob sie nun konventionelle Praktiken verbessert oder völlig neue Genres ermöglicht – KI wird sich zu einem unverzichtbaren Partner in der bildenden Kunst entwickeln. Während Künstler dieses neue Terrain weiterhin erkunden, besteht die Aufgabe – und die Chance – darin, diese Werkzeuge nicht nur mit Talent, sondern auch mit Vision, Ethik und Kreativität einzusetzen.

2.6. Die Demokratisierung der Kunst durch KI

Künstliche Intelligenz hat eine neue Generation eingeläutet, in der künstlerisches Schaffen nicht mehr auf historisch gebildete Künstler oder solche mit Zugang zu teuren Materialien, Ausrüstung oder formaler Bildung beschränkt ist. Die Demokratisierung der Kunst durch KI bezieht sich darauf, wie maschinelles Lernen und generative Technologien den Kreis derjenigen erweitert haben, die Kunstwerke schaffen, teilen und konsumieren können. KI-Geräte werden zunehmend von Menschen ohne klassische Kunstausbildung genutzt, um Werke zu schaffen, die früher jahrelange technische Meisterschaft erforderten. Dieser Wandel hat weitreichende Auswirkungen auf kulturelle Teilhabe, kreative Inklusivität und die Definition dessen, was Kunst ausmacht.

Einer der wichtigsten Faktoren für diese Demokratisierung ist die Zugänglichkeit KI-gestützter Strukturen. Generative Antagonistische Netzwerke (GANs), Diffusionsmodelle sowie groß angelegte Sprach- und Bildmodelle sind über benutzerfreundliche Programme verfügbar, die weder Programmierkenntnisse noch kreative Erfahrung erfordern. Dienste wie DALL•E, Midjourney, Runway ML und Adobe Firefly ermöglichen es Nutzern, mithilfe einfacher Texteingaben außergewöhnliche visuelle Elemente zu erstellen. Dies ermöglicht die Teilnahme an kreativen Ansätzen für Menschen, die sich aufgrund sozioökonomischer, akademischer oder geografischer Hindernisse sonst von traditionellen Kunstkreisen ausgeschlossen fühlen würden.

Der niedrige Zugangsbarrieren hat zu einer explosionsartigen Zunahme künstlerischer Online-Inhalte geführt. Millionen von Nutzern experimentieren mit KI-generierten Bildern, Liedern und Texten und bilden Communities, die ihre Werke teilen, remixen und weiterentwickeln. Diese digitalen Räume haben sich zu Inkubatoren der Kreativität entwickelt, in denen kollaborative Kunstpraktiken gedeihen und Ideen sich viral verbreiten, ohne die Kontrollmechanismen von Galerien, Museen oder Verlagen. Plattformen wie Artbreeder und NightCafe haben es Gruppen ermöglicht, im Laufe der Jahre gemeinsam Werke zu kreieren und weiterzuentwickeln und so die Trennung zwischen Künstler und Publikum aufzuheben.

Dieser umfassende Zugang überschneidet sich auch mit Fragen der kulturellen Repräsentation. KI ermöglicht es Menschen aus unterrepräsentierten oder marginalisierten Gruppen, ihre Identität, Erfahrungen und Geschichte durch visuelles Geschichtenerzählen auszudrücken. Indem sie einer größeren Vielfalt an Stimmen ermöglicht, zum globalen kreativen Dialog beizutragen, fördert KI ein pluralistischeres und inklusiveres kreatives Umfeld. Dies ist besonders wichtig in einer Welt, in der Kunst oft die dominanten Narrative derjenigen widerspiegelt, die über Macht und Ressourcen verfügen.

Die Demokratisierung durch KI ist jedoch nicht ohne Herausforderungen. Da die Menge an Inhalten exponentiell zunimmt, verschwimmt die Grenze zwischen künstlerischer Innovation und Sättigung. Es besteht die Sorge, dass die Massenproduktion KI-generierter Bilder künstlerische Arbeit entwerten, Kreativität kommerzialisieren oder digitale Räume mit repetitiven, abgespaltenen Werken überschwemmen könnte. Zudem garantiert Zugriff allein keine Gleichberechtigung. Auch Nutzer mit hochwertiger Hardware, besserer Internetinfrastruktur oder Zugang zu abonnementbasierter Ausrüstung können weiterhin im Vorteil sein. Dies wirft die Frage auf, ob KI tatsächlich das Spielfeld verändert oder die Privilegienverteilung verschiebt.

Es gibt auch eine anhaltende Debatte über Eigentum und Urheberschaft an KI-generierter Kunst. Wenn ein ungeschulter Nutzer mithilfe eines vorab geschulten Modells eines Technologieunternehmens ein beeindruckendes Foto erstellt, wem gehören dann die resultierenden Bilder? Dem Nutzer, dem Unternehmen oder dem gesamten Künstlerkorpus, dessen Muster in den Schulungsdaten verborgen waren? Diese Fragen weisen auf die Notwendigkeit moderner, anspruchsvoller Eigentumsrahmen hin, die den kollaborativen und algorithmischen Charakter moderner Kreativität berücksichtigen.

Im Schul- und Jugendbereich fördern KI-Tools die Entwicklung neuer Generationen von Kreativen. Schulkinder nutzen KI-basierte Fotomaschinen, um Bilderbücher, digitale Collagen und Animationen zu erstellen. Für viele sind diese Erfahrungen erste Erfahrungen mit Autorenschaft und künstlerischer Gestaltung. Auch Lehrkräfte und gemeinnützige Organisationen nutzen KI, um die Grenzen der Kunsterziehung zu verringern und benachteiligten Gruppen innovative Möglichkeiten zu eröffnen.

Im Wirtschaftsbereich nutzen Unternehmer und kleine Unternehmen KI-generierte Grafiken für Branding,

Produktdesign, Marketing und Storytelling. Noch vor einem Jahrzehnt war dies für viele ein unerschwinglicher Luxus. Die Möglichkeit, schnell Prototypen zu erstellen und visuelle Ressourcen bereitzustellen, eröffnet aufstrebenden Kreativen neue Möglichkeiten und revolutioniert Branchen, die einst von einigen großen Playern dominiert wurden.

Die Demokratisierung der Kunst durch KI ist ein komplexer, vielschichtiger Wandel. Sie stellt gängige Annahmen über Kreativität, Zugang und Wissen in Frage. Sie stärkt die Menschen und wirft gleichzeitig ethische und finanzielle Fragen zu Wert, Originalität und Urheberschaft auf. Letztlich stellt sie einen grundlegenden Wandel in der Kultur des 21. Jahrhunderts dar – einen Wandel, in dem Kunst nicht mehr auf Institutionen oder ausgebildete Experten beschränkt ist, sondern als gemeinsamer, sich entwickelnder Dialog zwischen Menschen und intelligenten Maschinen neu konzipiert wird.

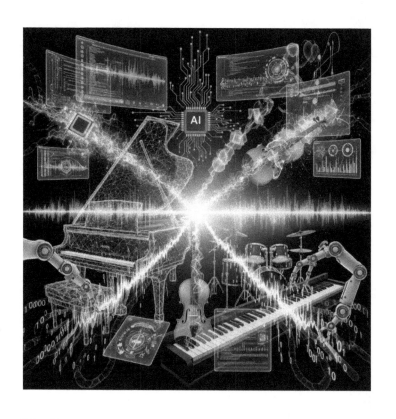

KAPITEL 3

Künstliche Intelligenz und Musik

3.1. Der Einfluss von KI auf die musikalische Kreativität

Die Schnittstelle zwischen künstlicher Intelligenz (KI) und Musik stellt eine tiefgreifende Entwicklung in der Klangverarbeitung und -produktion dar. Jahrhundertelang wurde Musik als ein urmenschlicher Ausdruck wahrgenommen – eine Kunstform, die eng mit Emotionen, Erfahrung und kulturellem Kontext verbunden ist. Mit dem Aufschwung der KI verschwimmen jedoch die Grenzen zwischen menschlicher Kreativität und maschinengenerierter Kunst und stellen traditionelle Vorstellungen von Urheberschaft, Originalität und emotionaler Intensität in Frage. Die Beteiligung von KI an der Musikentwicklung imitiert nicht unbedingt bestehende musikalische Systeme; sie führt neue Denkweisen in Bezug auf Komposition, Aufführung und Musikverständnis ein, die das Konzept musikalischer Kreativität grundlegend verändern.

Eine der wirkungsvollsten Methoden, mit denen KI die musikalische Kreativität beeinflusst, ist die algorithmische Komposition. Die Anwendung maschineller Lernmodelle auf große Datensätze musikalischer Werke ermöglicht es der KI, die grundlegenden Stile, die der Struktur von Melodien, Harmonien und Rhythmen zugrunde liegen, zu erkennen und zu reflektieren. Diese Algorithmen können dann völlig neue Kompositionen generieren, die in puncto Komplexität und

Form oft menschliche Erwartungen übertreffen. Während sich frühe Versuche algorithmischer Komposition auf die Nachahmung der Stile bekannter Komponisten oder Genres konzentrierten, sind moderne KI-Modelle inzwischen in der Lage, verschiedene Einflüsse zu mischen und hybride Musikstile zu entwickeln, die sich nicht mehr ohne Weiteres in bestehende Kategorien einfügen.

Der Einfluss von KI auf die Komposition ist besonders im Bereich der generativen Musik deutlich. KI kann nun selbstständig Musik von Grund auf neu komponieren und dabei auf tiefe neuronale Netzwerke zurückgreifen, die mit einer Vielzahl von Genres und Stilen vertraut sind. Dies ermöglicht es KI, völlig neuartige musikalische Studien zu schaffen, die von den Grenzen menschlicher Kreativität befreit sind. So kann KI beispielsweise eine Symphonie komponieren, die in ihrer Form konventionell klingt, aber unkonventionelle Akkordfolgen verwendet, oder sie kann virtuelle Musik schaffen, die die Grenzen von Rhythmus und Melodie auf bisher ungeahnte Weise erweitert.

KI spiegelt nicht nur menschliche kreative Ansätze wider, sondern erweitert auch die Grenzen musikalischer Möglichkeiten. Durch die Produktion von Songs, die oft unvorhersehbar sind und von konventionellen Systemen abweichen, zwingt KI Musiker dazu, zu überdenken, was „Musikalität" ausmacht. Die unorthodoxen Klang- und Formmischungen, die mithilfe von KI-Modellen erzeugt werden, stellen die Definition von Harmonie, Melodie und Rhythmus auf den Prüfstand. Die Unberechenbarkeit von KI in der Komposition fördert eine moderne Form des musikalischen Experimentierens, bei der Kreativität nicht länger durch menschliche Zwänge eingeschränkt wird.

Beispielsweise eröffnet die Fähigkeit der KI, mikrotonale Melodien zu erzeugen – Lieder mit Perioden, die kleiner sind als der traditionelle Halbton – neue Wege zur Erforschung tonaler Beziehungen. Ebenso kann KI algorithmische Zufälligkeit in Taktiken integrieren, die Musik hervorbringen, die gängigen Erwartungen widerspricht. Sie bietet Musikern ein Werkzeug, um sich von den traditionellen Elementen zu lösen, die die Melodie jahrelang dominiert haben. Auf diese Weise wird KI zum Kollaborateur und regt den Künstler dazu an, die Art und Weise, wie Musik gemacht, umgesetzt und perfektioniert werden kann, zu überdenken.

Eine wichtige Debatte im Zusammenhang mit der Integration von KI in die Musikproduktion dreht sich um die emotionale Intensität. Musik wird oft als emotionale Sprache angesehen – eine Methode, mit der Menschen Gefühle wie Freude, Trauer, Sehnsucht oder Triumph ausdrücken. Kritiker KI-generierter Musik argumentieren, dass Maschinen zwar Stile interpretieren und reproduzieren können, aber die emotionalen Nuancen, die für den menschlichen musikalischen Ausdruck so grundlegend sind, nicht vollständig wiedergeben oder vermitteln können. Manche befürchten, dass KI-generierter Musik möglicherweise die Seele oder emotionale Authentizität fehlt, die menschliche Musiker ihren Werken verleihen.

Es gibt jedoch auch Menschen, die den Umgang der KI mit Emotionen als Chance sehen, Emotionalität in der Musik neu zu definieren. Anstatt den Mangel an persönlicher Erfahrung der KI als Nachteil zu betrachten, argumentieren sie, dass das Potenzial des Geräts, ein breiteres Spektrum emotionaler Ausdrucksformen zu erkennen, zu neuen Formen emotionaler Resonanz führen kann. So kann KI beispielsweise Musik erzeugen, die mit einer für Menschen schwer zu reproduzierenden Schnelligkeit und Präzision zwischen kontrastierenden Emotionen changiert. Dies mindert nicht unbedingt die emotionale Wirkung des Songs, sondern bietet Hörern neue Möglichkeiten, mit den emotionalen Aspekten von Klang zu interagieren.

Darüber hinaus werden KI-Systeme zunehmend eingesetzt, um die emotionale Wirkung von Musik zu verstärken, indem sie die emotionalen Reaktionen der Zuhörer erfassen und Kompositionen entsprechend anpassen. Durch die Erfassung physiologischer Daten wie Herzfrequenz oder Gehirnaktivität kann KI musikalische Parameter wie Tempo, Dynamik und Instrumentierung verändern, um beim Zuhörer präzise emotionale Zustände hervorzurufen. Dieser Wechselwirkungszyklus zwischen KI-generierter Musik und menschlichen emotionalen Reaktionen schafft eine völlig neue

Dynamik in der Personalisierung und Wahrnehmung von Musik.

Während die Rolle der KI als eigenständiger Komponist groß ist, liegt ihre wahre Stärke möglicherweise auch in ihrem Potenzial als Kollaborateur. Immer mehr Musiker setzen auf KI, nicht um ihre eigene Kreativität zu ersetzen, sondern um sie zu fördern. KI-Tools können Künstlern helfen, kreative Blockaden zu überwinden und neue Ideen und Variationen zu präsentieren, die mit traditionellen Techniken möglicherweise nicht entstanden wären. KI kann Akkordfolgen unterstützen, Melodien generieren oder harmonische Strukturen schaffen, die als Inspiration für weitere menschliche Kompositionen dienen.

In dieser kollaborativen Version fungiert KI als Mitgestalter und präsentiert eine herausragende Perspektive auf den musikalischen Geist. Anstatt als Ersatz für menschliches Können gesehen zu werden, wird KI zu einem Werkzeug, das den innovativen Ansatz vorantreibt. Musiker können KI-generierte Stoffe als Ausgangspunkt nutzen, um Variationen eines Themas zu erkunden oder mit neuen Texturen zu experimentieren, an die sie allein vielleicht nicht gedacht hätten. Diese Zusammenarbeit ermöglicht einen flüssigeren und dynamischeren Innovationsansatz, bei dem menschlicher Einfallsreichtum und maschinengenerierte Möglichkeiten koexistieren.

Diese Partnerschaft zwischen menschlichen Musikern und KI erstreckt sich auch auf Live-Auftritte. KI-gesteuerte Systeme können Live-Shows verschönern, indem sie Echtzeit-Kompositionen erstellen, die vollständig auf Publikumsfeedback, Umgebungselementen oder den Bewegungen der Künstler basieren. Diese Interaktion zwischen KI und Live-Performance schafft eine neue Form des Musikerlebnisses – interaktiv, reaktionsschnell und sich ständig weiterentwickelnd.

Die zunehmende Präsenz von KI im Musikbereich wirft wichtige moralische und philosophische Fragen auf. Wenn KI Musik komponieren kann, die sich nicht von der von Menschen geschaffenen unterscheidet, wem gehören dann die Rechte an dem Song? Ist die KI-Maschine der Schöpfer oder der menschliche Programmierer, der das Gerät entworfen hat? Diese Fragen berühren tiefere Probleme im Zusammenhang mit Urheberschaft, Kreativität und dem Wert menschlicher Arbeit in der Kunst. Da KI in den Innovationsbranchen eine immer größere Rolle spielt, wird es entscheidend sein, diese Probleme zu bewältigen und Rahmenbedingungen für geistiges Eigentum und innovative Anerkennung in einer KI-getriebenen Welt zu schaffen.

Darüber hinaus zwingt uns der Aufstieg der KI im Musikschaffen dazu, das Konzept von „Innovation" zu überdenken. Wenn Maschinen Kunstwerke schaffen können, verringert das dann die Kosten menschlicher Kreativität? Oder erweitert es die Definition von Kreativität um die revolutionären Methoden der Zusammenarbeit von Mensch und Maschine? Dies sind komplexe Fragen, die die Zukunft der Musik und der gesamten Kreativbranche in den kommenden Jahren prägen werden.

Der Einfluss von KI auf die musikalische Kreativität ist eindeutig: Sie eröffnet spannende neue Möglichkeiten und wirft zugleich grundlegende Fragen zum Charakter von Kunst und menschlichem Ausdruck auf. Ob KI nun als Werkzeug, Kollaborateur oder eigenständiger Autor betrachtet wird – die Beziehung zwischen künstlicher Intelligenz und Musik befindet sich in einem tiefgreifenden Wandel. Das Potenzial von KI, komplexe, innovative Kompositionen zu schaffen, die die Grenzen musikalischer Normen sprengen, hat neue Bereiche der Kreativität eröffnet und gleichzeitig traditionelle Vorstellungen von emotionaler Intensität, Urheberschaft und Originalität in Frage gestellt. Die Weiterentwicklung von KI wird die Zukunft der Musik maßgeblich prägen und Künstlern, Publikum und der Gesellschaft als Ganzes sowohl Möglichkeiten als auch Herausforderungen bieten.

3.2. KI und Musikproduktion

Die Entwicklung künstlicher Intelligenz (KI) hat viele Bereiche revolutioniert, und die Musikproduktion zählt zu den am weitesten verbreiteten Bereichen dieser Technologie. KI wird zunehmend nicht mehr nur als Kompositionsinstrument, sondern als Co-Autor im Produktionsprozess selbst eingesetzt. Von Sounddesign und Mixing bis hin zu Lernen und Performance verändert KI jeden Aspekt der Musikproduktion. Sie ermöglicht Künstlern, Produzenten und Ingenieuren, Arbeitsabläufe zu optimieren, Kreativität zu fördern und neue Klangwelten zu entdecken.

Das Klangformat ist einer der Bereiche, in denen KI massive Fortschritte erzielt hat und neue Möglichkeiten zur Entwicklung und Bearbeitung von Klängen bietet. In der konventionellen Musikproduktion ist das Soundlayout ein Leitfaden, der das Wissen von Produzenten und Ingenieuren erfordert, um Klänge von Grund auf neu zu kreieren und zu formen oder bestehende anzupassen. Mit KI kann jedoch ein Großteil dieser Arbeit automatisiert werden, was eine schnellere und effizientere Einführung einzigartiger Klänge ermöglicht.

KI-gestützte Softwaretools können Audio analysieren und darin Stile identifizieren. Diese Tools können dann komplexe Algorithmen anwenden, um neue Klänge zu erzeugen oder bestehende zu manipulieren – auf eine Weise, die bisher schwierig oder unmöglich war. Beispielsweise kann KI ein Audiomuster anpassen, um Klangvarianten zu erstellen, neue Instrumentalklangfarben zu erzeugen oder den Klang akustischer Geräte mit einem hohen Maß an Realismus zu imitieren. Diese Tools nutzen Deep Learning und neuronale

Netzwerke, um die klanglichen Eigenschaften von Audio zu „verstehen" und Anpassungen zu untersuchen, die im Kontext der jeweiligen Musikkomposition relevant sind.

Darüber hinaus kann KI bei der Echtzeit-Klangmanipulation helfen, sodass Musiker und Produzenten mit modernen Techniken mit Klang experimentieren können. Einige KI-Systeme sind so konzipiert, dass sie die Vorlieben und den Stil des Künstlers beobachten, sich an seine Techniken anpassen und Klanglayoutänderungen vorschlagen, die die Komposition verschönern. Dadurch entsteht eine dynamische, kollaborative Verbindung zwischen menschlicher Kreativität und maschinengestützter Innovation.

Traditionell umfasst die Komposition eines Musikstücks die Auswahl und Anordnung verschiedener Instrumente, Klänge und Abschnitte, um ein stimmiges Ganzes zu schaffen. Dieser Ansatz erfordert regelmäßig umfassende Kenntnisse in Songkonzeption, Orchestrierung und Komposition. KI kann hier nun unterstützen und Empfehlungen zur Komposition, Instrumentenauswahl und Balance verschiedener Elemente geben, um ein harmonisches Arrangement zu schaffen.

KI-basierte Systeme können ein Musikstück analysieren und Hinweise zur Verstärkung der Assoziation geben, die hauptsächlich auf musikalischen Überlegungen wie harmonischer Entwicklung, Rhythmus und Form basieren. Diese Tools können auch Optionen zum Erstellen von

Abschnitten vorschlagen und so neue Gedanken einbringen, an die der Produzent oder Komponist möglicherweise nicht gedacht hat. Manchmal kann KI sogar ganze Kompositionen von Grund auf neu erstellen und so Kompositionen schaffen, die natürlich und stimmig klingen.

Im Bereich der digitalen Musik ist die Rolle der KI in der Organisation besonders deutlich. Generative Algorithmen können durch die Manipulation von Loops, Samples und Synthesizer-Sounds komplexe, sich entwickelnde Musiksysteme erzeugen. Diese KI-Systeme sind in der Lage, Arrangements zu erstellen, die sich im Laufe der Zeit weiterentwickeln und Kompositionen schaffen, die natürlich und dynamisch wirken, ohne dass ständige menschliche Eingriffe erforderlich sind.

Mischen und Lernen sind entscheidende Phasen der Songproduktion, in denen die endgültige Balance und der letzte Schliff eines Songs erzielt werden. Traditionell erfordern diese Aufgaben das Wissen von Ingenieuren, die ihre Kompetenzen und Erfahrungen nutzen, um Pegel anzupassen, Effekte zu üben und sicherzustellen, dass die endgültige Mischung stimmig und ausgewogen klingt. KI wird heute eingesetzt, um viele dieser Prozesse zu automatisieren, sodass Produzenten mit minimalem Aufwand professionelle Mixe und Masterings erstellen können.

Ein KI-gestütztes Mischsystem kann einzelne Spuren einer Komposition analysieren und Anpassungen an Lautstärke, EQ-Einstellungen, Kompression und Panning vornehmen, um den Gesamtklang zu optimieren. Diese Tools basieren auf umfassenden Mastering-Modellen, die auf umfangreichen Bibliotheken professionell gemischter und gemasterter Spuren basieren. So können sie die Kombination basierend auf den jeweiligen Anforderungen des jeweiligen Soundlayouts anpassen.

Die Fähigkeit der KI, aus bestehenden Tracks zu lernen und diese in neue Kompositionen zu integrieren, ermöglicht es Songproduzenten, in kürzerer Zeit hervorragende Mixe zu erstellen. Einige KI-Systeme ermöglichen zudem Echtzeit-Feedback, sodass Produzenten sofortige Anpassungen vornehmen und die Ergebnisse sofort anhören können. Infolgedessen macht KI das Misch- und Lernsystem für Amateurproduzenten zugänglicher und bietet erfahrenen Profis leistungsstarke Tools zur Optimierung ihrer Arbeitsabläufe.

Die Rolle der KI in der Musikproduktion beschränkt sich nicht nur auf die Automatisierung technischer Aufgaben; sie entwickelt sich auch zu einem unverzichtbaren Bestandteil der kollaborativen Methode. In der Vergangenheit war die Musikproduktion häufig eine komplexe Zusammenarbeit zwischen mehreren Musikern, Herstellern und Ingenieuren. Mit dem Aufkommen der KI haben sich diese Kooperationen erweitert und umfassen nun auch Maschinen als innovative Begleiter.

KI-Tools können heute in zahlreichen Bereichen der Zusammenarbeit hilfreich sein, von der Entwicklung neuer musikalischer Ideen bis hin zu Vorschlägen zur Verfeinerung eines Songs. KI-gestützte virtuelle Assistenten können mit Musikern und Produzenten zusammenarbeiten und in Echtzeit Feedback und Tipps geben. Diese Systeme passen sich dem Stil und den Möglichkeiten der menschlichen Schöpfer an und präsentieren Ideen, die ihrer künstlerischen Vision entsprechen, und erweitern gleichzeitig die Grenzen des bisher Dagewesenen.

In manchen Fällen können KI-gesteuerte Systeme sogar mit menschlichen Künstlern zusammenarbeiten, Live-Kompositionen erstellen oder sich an Veränderungen während eines Konzerts anpassen. Beispielsweise kann KI die Bewegungen und Gesten von Musikern während einer typischen Aufführung protokollieren und diese Daten nutzen, um den Song in Echtzeit zu beeinflussen. Dies schafft ein interaktives und dynamisches Erlebnis, bei dem menschliche Musiker und KI zusammenarbeiten, um etwas wirklich Einzigartiges zu schaffen.

Da KI zunehmend in die Musikproduktion eingebunden wird, stellen sich zahlreiche moralische und philosophische Fragen. Eine der drängendsten Fragen betrifft die Frage nach Urheberschaft und Eigentum. Wenn ein KI-Gerät einen Song generiert, wer besitzt dann die Rechte daran? Ist es der Mensch, der die KI programmiert hat, die KI selbst oder die Plattform, die das Softwareprogramm erstellt hat ? Diese Fragen sind besonders wichtig, da KI-generierte Musik in der Branche immer beliebter wird.

Ein weiteres Problem ist die Möglichkeit, dass KI menschliche Produzenten und Musiker ersetzen könnte. Obwohl KI den Produktionsprozess unterstützen kann, herrscht die Überzeugung, dass bedeutungsvollste und emotionalste Musik menschliches Eingreifen erfordert. Die Sorge ist, dass KI-Systeme mit zunehmender Leistungsfähigkeit Aufgaben übernehmen könnten, die traditionell von menschlichen Fachkräften erledigt wurden. Dies führt zu Arbeitsplatzverlusten und einem Rückgang des menschlichen Anteils an der Musikproduktion.

Gleichzeitig kann KI die Songproduktion demokratisieren, indem sie professionelle Tools einem viel breiteren Publikum zugänglich macht. Unabhängige Künstler und Produzenten können KI-gestützte Software nutzen, um erstklassige Songs zu erstellen, ohne teure Ausrüstung oder technisches Wissen zu benötigen. Dies eröffnet neue Möglichkeiten für Kreativität und Zusammenarbeit und ermöglicht es Künstlern, mit neuen Sounds und Produktionstechniken zu experimentieren, zu denen sie sonst keinen Zugang gehabt hätten.

Auch in Zukunft wird KI eine wichtige Rolle in der Songproduktion spielen. Mit zunehmender Weiterentwicklung von KI-Modellen können sie Musikern noch differenziertere Einblicke bieten und sie unterstützen, um Kreativität und Innovation zu erweitern. Das Potenzial von KI, Musik zu erforschen und zu generieren, wird voraussichtlich zur Entwicklung neuer Genres und Stile sowie neuer Formen des musikalischen Ausdrucks führen. Die Zukunft der Songproduktion lässt sich auch durch die Symbiose zwischen menschlicher Kreativität und künstlicher Intelligenz beschreiben.

Die Rolle von KI in der Musikproduktion ist vielfältig und transformativ. Von der Klanggestaltung und -assoziation über das Mischen, Lernen bis hin zur kollaborativen Entwicklung verändert KI die Art und Weise, wie Musik produziert, erlebt und geteilt wird. Da KI-Geräte immer beliebter werden, bieten sie Musikern und Produzenten neue Möglichkeiten, ihre kreativen Prozesse zu verfeinern, technische Aufgaben zu optimieren und neue klangliche Möglichkeiten zu entdecken. Zwar bestehen weiterhin Herausforderungen in Bezug auf Urheberschaft, Eigentum und die Rolle von Menschen bei der Songproduktion, doch das Potenzial von KI, die Songproduktionsbranche zu revolutionieren, ist unbestreitbar. Mit Blick auf die Zukunft verspricht die Zusammenarbeit zwischen menschlichen Musikern und KI neue Ebenen der Kreativität und Innovation in der Welt der Musikproduktion freizusetzen.

3.3. Das neue musikalische Zeitalter und die KI

Die Schnittstelle zwischen künstlicher Intelligenz (KI) und Musik hat einen grundlegenden Wandel in der Musikproduktion, -nutzung und -präsenz mit sich gebracht. Die KI-Technologie entwickelt sich stetig weiter und läutet eine Ära innovativer musikalischer Möglichkeiten ein, die die Grenzen des konventionellen Musikmachens überschreitet und neue Wege für Kreativität und Ausdruck eröffnet.

Einer der tiefgreifendsten Auswirkungen von KI auf die Musik ist ihre Fähigkeit, Genres zu schaffen und zu steuern. Während menschliche Kreativität lange Zeit die treibende Kraft hinter der Entwicklung musikalischer Genres war, spielt KI heute eine aktive Rolle bei der Gestaltung der Klänge und Strukturen aktueller Musik. Mithilfe maschineller Lernalgorithmen kann KI große Mengen musikalischer Daten analysieren, Muster und Trends innerhalb bestimmter Genres erkennen und diese Daten zur Entwicklung neuer Kompositionen nutzen.

Der Einfluss von KI auf Musikgenres ist besonders im Bereich der digitalen Musik deutlich, wo die Experimentiermöglichkeiten nahezu unbegrenzt sind. Indem sie das Potenzial der KI nutzen, Klänge zu synthetisieren und in Echtzeit zu manipulieren, können Künstler die Grenzen traditioneller Stilklassifizierungen erweitern, Elemente aus verschiedenen musikalischen Stilen mischen und ganz neue

Hybridformen entwickeln. Beispielsweise werden KI-Algorithmen eingesetzt, um komplexe, sich entwickelnde Klanglandschaften zu erzeugen, die Ambient-, Techno- und experimentelle Elemente mischen und so einen neuen Stil entwickeln, der die Definition von Musik grundlegend verändert.

Darüber hinaus ermöglicht KI die Entwicklung von Subgenres, die durch menschliche Komposition allein nicht möglich gewesen wären. Mit der Fähigkeit, Musik zu erzeugen, die verschiedene Einflüsse vereint, ermöglicht KI die Schaffung völlig neuer Musikformen, darunter KI-generierten Jazz oder KI-verfeinerte klassische Kompositionen. Diese neuen Genres, die zwar in traditionellen musikalischen Elementen verwurzelt sind, verändern das Klangbild und bieten den Hörern eine spannende und moderne Forschung.

Während KI durchaus in der Lage ist, selbst Songs zu produzieren, ist eines der interessantesten Elemente dieser neuen musikalischen Ära die Möglichkeit zur Zusammenarbeit zwischen KI und menschlichen Musikern. Anstatt die menschliche Kreativität zu verändern, fungiert KI als mächtiges Werkzeug, das Musiker auf neue Weise unterstützt und inspiriert. In diesem kollaborativen Modell fungiert KI als Co-Autor und begleitet den Künstler, um dessen Kreativität zu fördern und neue musikalische Wege zu entdecken.

KI-Geräte werden zunehmend eingesetzt, um Musiker bei Komposition, Komposition und Produktion zu unterstützen.

Sie können den Stil eines Musikers analysieren, Muster in seinen Songs erkennen und neue Ideen oder Alternativen vorschlagen, die der Künstler möglicherweise nicht in Betracht gezogen hat. Auf diese Weise wird KI zu einem modernen Komplizen, der hilft, Denkblockaden zu überwinden und neue Perspektiven für die Songproduktion bietet.

Darüber hinaus können sich KI-gesteuerte Strukturen an die sich entwickelnden Möglichkeiten und den Stil des Künstlers anpassen, indem sie von dessen früheren Kunstwerken lernen und zunehmend individuelle Vorschläge liefern. Dadurch entsteht eine dynamische Beziehung, in der sich Künstler und KI ständig gegenseitig beeinflussen und inspirieren, was zur Entstehung von Musik führt, die sowohl revolutionär als auch zutiefst persönlich ist.

Das neue musikalische Zeitalter zeichnet sich auch durch die Fähigkeit der KI aus, Musik in Echtzeit zu produzieren. Dies gilt insbesondere für Live-Auftritte, bei denen sich die KI in Echtzeit an die Umgebung und das Publikum anpassen kann und so ein extrem interaktives und dynamisches Erlebnis schafft. KI-gesteuerte Systeme können Live-Daten von Musikern, Geräten oder sogar dem Publikum erfassen und diese Daten nutzen, um die Musik während der Aufführung zu beeinflussen.

Echtzeit-Musiktechnologie ermöglicht eine moderne Form der Live-Performance, bei der die Grenzen zwischen

Komponist, Interpret und Zuhörer verschwimmen. KI kann auf die Stimmung des Publikums reagieren, das Tempo anpassen, die Harmonie verändern oder sogar neue Elemente einführen, die auf die emotionale Reaktion des Publikums abgestimmt sind. Dadurch entsteht eine immersive, flüssige, einheitliche Performance, die auf jeden Bildschirm und jede Interaktion zugeschnitten ist und ein individuell angepasstes Musikerlebnis bietet.

Die Möglichkeiten der KI bei Live-Musik-Performances gehen über die reine Anpassung an die Umgebung hinaus; sie ermöglichen darüber hinaus völlig neue Formen der interaktiven Musikgestaltung. Musiker können nun in Echtzeit mit KI zusammenarbeiten, improvisieren und mit neuen Klängen und Techniken experimentieren, die durch die Analyse der KI-Systeme während ihrer Performance entstehen. Diese Echtzeit-Zusammenarbeit eröffnet Musikern und Publikum gleichermaßen spannende neue Möglichkeiten und verwandelt das traditionelle Live-Performance-Erlebnis in ein partizipativeres und innovativeres Erlebnis.

Mit der kontinuierlichen Anpassung der KI verändert sich auch die Art und Weise, wie Musik wiedergegeben wird. Streaming-Systeme und digitale Musikdienste nutzen KI, um personalisiertere Musiktipps bereitzustellen und maßgeschneiderte Hörstudien für Nutzer zu erstellen. Mithilfe von Algorithmen zur Gerätesteuerung kann KI die Vorlieben, das Verhalten und die bisherigen Hörgewohnheiten eines

Hörers analysieren, um vorherzusagen, welche Musik er in Zukunft wahrscheinlich hören wird.

KI wird auch eingesetzt, um Playlists zu kuratieren, stimmungsbasierte Musiksammlungen zu erstellen oder sogar Musik speziell für bestimmte Sportarten oder Umgebungen zu entwickeln. So kann KI beispielsweise beruhigende Musik für die Meditation, dynamische Tracks für das Training oder klassische Musik für Prüfungsphasen generieren. Diese personalisierten Musikaufnahmen verbessern unsere Interaktion mit Musik und machen sie zugänglicher und alltagstauglicher.

Darüber hinaus hilft KI, die Distanz zwischen Künstlern und Hörern zu überbrücken. Durch das Lesen von Hörerkommentaren und der Interaktion mit bestimmten Titeln kann KI Künstlern helfen zu erkennen, welche Elemente ihrer Songs bei ihrer Zielgruppe Anklang finden. So können Musiker ihren Sound verfeinern, neue Ideen ausprobieren und eine engere Verbindung zu ihrer Fangemeinde aufbauen.

Der Aufstieg der KI in der Musik ist nicht nur ein technischer Fortschritt; er ist Teil eines umfassenderen Wandels in der Musikindustrie selbst. Die Art und Weise, wie Musik entsteht, produziert, verbreitet und konsumiert wird, durchläuft einen tiefgreifenden Wandel, und KI spielt in dieser Entwicklung eine entscheidende Rolle.

In der Vergangenheit wurde die Musikbranche weitgehend von Plattenlabels, Produzenten und einer ausgewählten Gruppe bekannter Künstler dominiert. Mit der Demokratisierung der Musikproduktion durch KI-Tools haben unabhängige Musiker nun jedoch Zugang zu denselben kreativen Möglichkeiten und Produktionskompetenzen wie ihre Mitbewerber. Dieser Wandel gleicht den Spielfaktor aus und ermöglicht die Entstehung einer größeren Vielfalt an Stimmen und neuer Musik.

KI verändert auch die Wirtschaft der Musikbranche. Durch die Automatisierung von Aspekten der Musikproduktion senkt KI die Kosten für die Entwicklung und Verteilung von Musik. Dies erleichtert Künstlern die Produktion hochwertiger Musik ohne teure Studios oder Ausrüstung, was insbesondere für aufstrebende und unabhängige Musiker von Vorteil ist. Gleichzeitig ermöglicht die Fähigkeit der KI, die Vorlieben und Trends des Publikums zu analysieren, gezielteres Marketing und Vertrieb und hilft Künstlern, die richtigen Hörer zu gewinnen und eine nachhaltige Karriere aufzubauen.

Da KI zunehmend in die Musikproduktion und -nutzung integriert wird, stellen sich ethische und kreative Fragen. Eines der größten Probleme ist die Frage der Urheberschaft. Wenn KI einen Song erstellt, wer besitzt dann die Rechte daran? Ist es die KI selbst, die Person, die das Gerät programmiert hat, oder der Künstler, der das KI-Tool zum Erstellen des Songs verwendet hat? Diese Fragen projizieren unsere traditionellen Vorstellungen von geistigem Eigentum und Kreativität, und die Antworten werden wahrscheinlich die Zukunft des Musikrechts und des Urheberrechts prägen.

Ein weiteres Problem ist das Potenzial von KI, Musik zu vereinheitlichen. KI kann Künstlern zwar dabei helfen, einzigartige und innovative Kompositionen zu schaffen, es besteht jedoch die Befürchtung, dass der massive Einsatz von KI zu einem Verlust an Vielfalt innerhalb der produzierten Musik führen könnte. Wenn alle die gleiche Ausrüstung und Algorithmen verwenden, wird die produzierte Musik dann zu ähnlich und verliert die Einzigartigkeit und menschliche Emotion, die hochwertige Kunst ausmachen? Die Vorteile von KI mit dem Wunsch nach Vielfalt und Originalität in Einklang zu bringen, ist eine der größten Herausforderungen der modernen Musik.

Die neue Musiktechnologie, die durch KI beschrieben wird, steht für grenzenlose Kreativität, Innovation und Zusammenarbeit. KI verändert die Art und Weise, wie Musik entsteht, fertiggestellt und konsumiert wird, und eröffnet Musikern und Hörern gleichermaßen ungeahnte Möglichkeiten. Von der Echtzeit-Musikproduktion über den Aufstieg neuer Genres bis hin zur KI-gestützten Musikaufnahme sind die Möglichkeiten zahllos. Obwohl traumatische Bedingungen im Zusammenhang mit Urheberschaft, Kreativität und

Homogenisierung bestehen bleiben, ist die Zukunft der Musik vielfältig, und KI spielt eine wichtige Rolle bei der Gestaltung des zukünftigen Zusammenbruchs musikalischer Fakten. Die Zusammenarbeit zwischen menschlichen Künstlern und KI verspricht eine neue Generation von Musik, die ebenso vielfältig, dynamisch und revolutionär ist wie die Ära, die sie antreibt.

3.4. Algorithmische Komposition und generative Musik

Die Schnittstelle zwischen künstlicher Intelligenz und Musik hat ein völlig neues Paradigma klanglicher Kreativität hervorgebracht – eines, in dem Algorithmen, neuronale Netzwerke und generative Strukturen die traditionelle Rolle des Komponisten neu definieren. Algorithmische Komposition und generative Musik sind nicht einfach nur Neuheiten oder Experimentierfeld; sie stellen einen Wandel in der Konzeption, Strukturierung und Wahrnehmung von Liedern dar. Im Zentrum dieses Wandels steht eine grundlegende Frage: Können Maschinen Musik mit Sinn, Emotion und Originalität erschaffen – oder spiegeln sie lediglich die Stile wider, die wir ihnen vorgeben?

Algorithmische Komposition bezeichnet die Verwendung formaler Regeln, mathematischer Modelle oder Computercodes zur Musikgenerierung. Diese Praxis reicht Jahrhunderte zurück, lange vor dem Aufkommen der künstlichen Intelligenz. Schon

J. S. Bach verwendete in seinen Kompositionen Permutationen und systematische Strategien. Im 20. Jahrhundert nutzten Komponisten wie Iannis Xenakis und John Cage stochastische Methoden und Risikooperationen, um menschliche Voreingenommenheit aus dem kreativen Akt zu eliminieren. Das Aufkommen digitaler Berechnungen brachte jedoch neue Ebenen der Komplexität und Kontrolle mit sich und ermöglichte es Komponisten, musikalische Gedanken in programmierbare Anweisungen zu kodieren.

Im modernen Kontext hat sich die algorithmische Komposition zu einem vielfältigen Spektrum gerätebasierter Kreativität entwickelt. Traditionelle regelbasierte Systeme wurden durch den Einsatz gerätebasierter Lernmodelle erweitert, die Sample-Erkennung, Stilimitation und sogar musikalische Improvisation ermöglichen. Beispielsweise wurden Markow-Ketten früher häufig zur probabilistischen Modellierung musikalischer Übergänge eingesetzt. Heute analysieren neuronale Netze, einschließlich Long Short-Term Memory (LSTM) und Transformer-Architekturen, große Korpora bestehender Musik, um neue Kompositionen zu generieren, die stilistische Nuancen und thematische Kohärenz widerspiegeln.

Generative Musik hingegen ist Musik, die sich ständig weiterentwickelt und regelmäßig nicht wiederholt. Sie wird mithilfe eines Systems erstellt, das innerhalb festgelegter

Parameter arbeitet, aber jedes Mal spezifische Ergebnisse liefert. Brian Eno, ein Pionier der generativen Musik, beschrieb sie als „eine Melodie, die mithilfe eines Geräts erzeugt wird". Seine Ambient-Werke, wie beispielsweise „Music for Airports", nutzen Looping, Überlagerungen und algorithmische Interaktionen, um Kompositionen zu schaffen, die sich im Laufe der Zeit subtil verändern. Dank KI ist generative Musik deutlich komplexer geworden. KI-Systeme können nun in Echtzeit komponieren und auf Umgebungseingaben, Benutzerinteraktionen oder zufällige Datenströme reagieren.

Einer der überzeugendsten Trends in diesem Bereich ist die Verwendung tiefgreifender generativer Modelle wie Variational Autoencoder (VAEs) und Generative Adversarial Networks (GANs). Diese Modelle können latente Repräsentationen musikalischer Form und Stile erlernen und so zwischen Genres interpolieren, hybride Dokumente erstellen oder Kompositionen generieren, die sich mit nahezu organischer Fluidität entwickeln. Googles Magenta-Projekt hat beispielsweise zahlreiche Geräte wie MusicVAE und NSynth auf den Markt gebracht, die die Grenzen des gerätegenerierten Klangs erweitern.

Die kreativen Möglichkeiten algorithmischer Komposition sind enorm. KI kann Bachs Choräle, Jazzimprovisationen oder innovative Popsongs untersuchen und statistische Muster von Harmonie, Rhythmus und Form extrahieren. Diese lassen sich neu kombinieren, um neuartige

Stücke zu schaffen, die stilistisch konsistent sind und gleichzeitig Neuland betreten. Systeme wie OpenAIs MuseNet oder Sonys Flow Machines haben bewiesen, dass sie multiinstrumentale Kompositionen in verschiedenen Genres – von klassischen Symphonien bis hin zu EDM-Hymnen – generieren und sich dabei an benutzerdefinierte Aktivierungen oder Einschränkungen anpassen können.

Algorithmische Musikkomposition ist jedoch nicht nur eine Nachahmung menschlicher Stilmittel. Kreativ eingesetzt, wird KI zum Kollaborateur statt zum Nachahmer. Komponisten können in Echtzeit mit generativen Systemen interagieren und deren Output durch geführte Improvisation steuern. Tools wie Amper Music oder AIVA ermöglichen es Musikern, Stimmung, Tempo und Instrumentierung festzulegen und gleichzeitig die zugrundeliegende Komposition an eine KI-Engine zu delegieren. Das Ergebnis ist eine Form der Co-Kreation, bei der menschliche Intuition und maschinelle Präzision Hand in Hand gehen.

Darüber hinaus haben generative Musiksysteme einzigartige Programme entwickelt, die über traditionelle Kompositionen hinausgehen. In Videospielen und virtueller Realität regulieren KI-gesteuerte Klanglandschaften dynamisch basierend auf dem Verhalten der Spieler oder Umgebungsveränderungen und erzeugen so immersive Klangberichte, die nicht vorkomponiert werden können. In therapeutischen Umgebungen wird generative Musik eingesetzt, um adaptive Klangumgebungen für Meditation, Schlafförderung oder mentale Fitness zu entwickeln. Da KI auf biometrische Daten wie Herzfrequenz oder Stresslevel reagieren kann, ermöglicht sie eine Echtzeit-Personalisierung der Musik.

Eine weitere herausragende Anwendung findet sich bei Live-Auftritten. Künstler wie Holly Herndon, Taryn Southern und YACHT haben KI-generierte Elemente in ihre Songproduktion und Konzerte integriert. Einige arbeiten mit neuronalen Netzwerken, um Texte, Harmonien oder Stimmtexturen zu generieren. Andere lassen KI ganze Songabschnitte komponieren oder strukturelle Varianten vorschlagen. Diese Darbietungen verwischen die Grenze zwischen menschlicher und maschineller Handlung und regen das Publikum dazu an, die Definition von Autorschaft im Song zu überdenken.

Trotz der Fortschritte steht die algorithmische Komposition noch immer vor zahlreichen kreativen und philosophischen Herausforderungen. Eine davon ist die Wahrnehmung von Authentizität. Kann algorithmisch generierte Musik wirklich emotionale Tiefe vermitteln oder ist sie eher ein Pastiche – eine kraftvolle Imitation ohne Seele? Kritiker argumentieren, dass Musik ohne menschliche Intention das intrinsische Motiv fehle, das ihr Bedeutung verleiht. Befürworter halten dagegen, dass KI-generierte Musik die in ihr Layout eingebetteten Auswahlmöglichkeiten widerspiegelt und die Absicht zwischen Autor und Maschine aufgeteilt werden kann.

Ein weiteres Problem ist die Intransparenz von Machine-Learning-Modellen. Wenn eine KI eine Melodie komponiert, ist es oft schwierig, die zugrunde liegenden Überlegungen zu bestimmten Musikstücken nachzuvollziehen. Dieses „Black-Container"-Problem erschwert die Auswertung, Bearbeitung und Verfeinerung. Musiker können zudem von der Menge der produzierten Musik überfordert sein oder nicht in der Lage sein, bestimmte Erzählstränge zu definieren. Daher wächst das Interesse an der Entwicklung besser erklärbarer KI-Strukturen, die eine tiefere Interaktion mit dem generativen System ermöglichen.

Die ethische Dimension ist ebenfalls von entscheidender Bedeutung. Wem gehören die Urheberrechte an mithilfe von KI komponierten Musikstücken? Dem Programmierer, der die Regeln erstellt hat, dem Nutzer, der die Parameter eingibt, oder der KI selbst (die rechtlich keine Person ist)? Diese Fragen werden immer dringlicher, da KI-generierte Musikstücke zunehmend auf Streaming-Plattformen und in kommerziellen Medien erscheinen. Die rechtlichen Rahmenbedingungen können mit dem technologischen Wandel nicht Schritt halten, sodass Urheber und Käufer in einer Grauzone stecken.

Dennoch hat die algorithmische Komposition bereits unsere Sicht auf musikalische Kreativität verändert. Sie demokratisiert den Zugang zur Komposition und ermöglicht auch Nicht-Musikern, sich mit dem Komponieren zu beschäftigen. Sie erweitert die Grenzen des Komponierbaren und führt mikrotonale Strukturen, nicht-menschliche Rhythmen und bislang unerforschte Klangfarben ein. Sie stellt das Monopol menschlicher Kreativität in Frage und eröffnet neue Formen ästhetischen Erlebens, die weder grundlegend menschlich noch rein synthetisch sind.

In den kommenden Jahren werden wir voraussichtlich eine noch stärkere Integration von KI in den musikalischen Prozess erleben. Generative Partituren in Echtzeit, in DAWs (Digital Audio Workstations) eingebettete KI-Kollaborateure und maßgeschneiderte Track-Engines, die sich mit ihren Hörern weiterentwickeln, könnten ebenfalls zur Normalität werden. Da KI-Modelle über ein besseres semantisches Verständnis von Gesang und Emotionen verfügen, können sie Stücke komponieren, die bestimmte mentale Zustände oder Erzählstränge abbilden.

Die vielleicht faszinierendste Zukunft liegt in der Hybridisierung. Durch die Kombination von KI mit Mind-Computer -Schnittstellen, Biofeedback oder evolutionären Algorithmen können Künstler Systeme entwickeln, die nicht nur auf menschliche Eingaben reagieren, sondern sich mit ihnen weiterentwickeln – und so eine musikalische Intelligenz entwickeln, die persönlichen Stil, emotionale Entwicklung und Kontextbewusstsein widerspiegelt. In dieser Erfahrung wird der algorithmische Komponist nicht zum Ersatz des menschlichen Künstlers, sondern zu einer Erweiterung seiner Kreativität.

Algorithmische Komposition und generativer Gesang signalisieren einen Wandel nicht nur in der Technik der Musikproduktion, sondern in der Ontologie der Musik selbst. Sie fordern uns auf, neu zu überdenken, wo Kreativität entsteht, wie sich Zielsetzung manifestiert und was es bedeutet, sich im Zeitalter der instrumentalen Kunst zu konzentrieren. Wie bei allen tiefgreifenden technologischen Veränderungen sind die Auswirkungen ebenso philosophisch wie praktisch – und ihre wahre Bedeutung kann erst in der kommenden Musik entdeckt werden.

3.5. KI bei Live-Musikdarbietungen und interaktiven Erlebnissen

Die Integration künstlicher Intelligenz in Live-Musikdarbietungen und interaktive Rezensionen markiert eine bahnbrechende Entwicklung in der Interaktion des Publikums mit Klang, Rhythmus und kreativer Präsenz. Weit über die Studioumgebung hinaus verändert KI-Technologie zunehmend Konzertveranstaltungen, Festivals, Theaterproduktionen und immersive Multimedia-Events und schafft dynamische, adaptive und oft unvorhersehbare musikalische Landschaften, die in Echtzeit auf Künstler, Publikum und Umgebungsfaktoren reagieren.

Historisch gesehen war Live-Musik eine rein menschliche Domäne – ein Moment spontaner Kreativität, emotionaler Veränderung und kollektiven Erlebens. Musiker interpretieren Noten, improvisieren und kommunizieren durch subtile Signale mit dem Publikum, während die Zuhörer reagieren und die Atmosphäre mitgestalten. Der Einzug von KI in diesen Bereich erweitert diese Interaktionen um neue Dimensionen. KI-Systeme können Musik im Handumdrehen analysieren, generieren und verändern, auf Gesten oder biometrische Daten der Künstler reagieren und sogar die Stimmung und den Ablauf einer Aufführung anhand der Publikumsreaktionen beeinflussen.

Ein herausragender Einsatzbereich von KI in Live-Kontexten ist der Einsatz gerätebasierter Improvisationsassistenten. Diese Systeme hören die Eingaben eines Musikers – sei es ein Gitarrenriff, ein Klaviermotiv oder ein Gesangstext – und generieren in Echtzeit ergänzendes oder kontrastierendes Material. Projekte wie Googles Magenta Studio und Tools wie IBM Watson Beat wurden von Künstlern genutzt, um Live-Performances zu kreieren, bei denen Mensch und KI musikalisch kommunizieren. Dieses Duett von Mensch und Maschine erweitert die Improvisationsmöglichkeiten und stellt konventionelle Vorstellungen von Solo-Autorenschaft in Frage.

Darüber hinaus sind KI-gestützte Systeme in der Lage, den Stil und die Stimmung einzelner Künstler über Jahre hinweg zu erfassen und ihre Beiträge an die jeweilige Stimme und Denkweise des Künstlers anzupassen. Dadurch entsteht ein maßgeschneiderter KI-Kollaborateur, der auf musikalische Empfehlungen zurückgreifen, neue Anweisungen vorschlagen oder Lücken füllen kann und so erfolgreich zu einem unsichtbaren Bandmitglied oder Co-Komponisten auf der Bühne wird.

Interaktive Geschichten werden auch durch Gestenerkennung und biometrische Kommentartechnologie revolutioniert. Sensoren, die Bewegung, Mimik, Herzfrequenz oder Gehirnaktivität überwachen, können Statistiken in KI-Modelle einspeisen, die den Track entsprechend anpassen. Beispielsweise kann die Bewegungsintensität eines Tänzers das Tempo oder die Textur eines Live-Soundtracks beeinflussen, oder die durch physiologische Signale erfasste emotionale Stimmung eines Künstlers kann harmonische Verläufe anpassen. Dadurch entsteht eine Kommentarschleife, in der Gesang und Bewegung eng miteinander verwoben sind und Darbietungen entstehen, die dem Moment und den Individuen entsprechen.

KI-gesteuerte Bild- und Tonsynthese ergänzt diese Performances durch reaktionsschnelle Flächenbeleuchtung, Projektionsmapping und räumliche Klanglandschaften, die sich in Echtzeit anpassen. Diese multimodalen Interaktionen versetzen das Publikum in synästhetische Umgebungen, in denen Bild, Ton und sogar Berührung dynamisch auf Künstler und Publikum reagieren. Beispielsweise manipulieren KI-Systeme während der Live-Auftritte von Künstlern wie Holly Herndon und Arca Vokalharmonien und erzeugen komplexe Texturen, die sich im Laufe der Performance weiterentwickeln und so die Grenze zwischen menschlichem Ausdruck und maschineller Augmentation verwischen.

Im Wettbewerbskontext wurde KI eingesetzt, um Setlisten und Übergänge basierend auf Publikumsbeteiligung, Wetterbedingungen und der Akustik des Veranstaltungsortes zu kuratieren. Dies garantiert ein nahtloses und maßgeschneidertes Erlebnis für die Teilnehmer, verstärkt die emotionale Wirkung und lässt sie mit dem Flow mitgehen. Einige experimentelle Aktivitäten verfügen über KI-gesteuerte generative Songzonen, in denen die Teilnehmer durch Bewegung oder Gesang Einfluss auf die Umgebungsklanglandschaft nehmen und so die partizipative Kreativität fördern.

Virtual Reality (VR) und Augmented Reality (AR) Performances, die durch KI unterstützt werden, erweitern die Möglichkeiten der Live-Musik. In diesen immersiven

Umgebungen können KI-Charaktere neben menschlichen Musikern auftreten, auf Benutzerinteraktionen reagieren oder Kompositionen basierend auf den Entscheidungen der Teilnehmer anpassen. Dadurch entstehen interaktive Live-Performances, bei denen das Publikum vom passiven Zuschauen zum aktiven Mitmachen wechselt. Plattformen wie TheWaveVR ermöglichen Nutzern weltweit die Teilnahme an virtuellen Shows, bei denen KI visuelle und Klanglandschaften in Echtzeit erweitert und so eine neue Art von globalem, interaktivem Musiknetzwerk ermöglicht.

Die Rolle der KI in der Live-Musik beschränkt sich nicht nur auf die Klangerzeugung; sie erstreckt sich auch auf die Bewertung der Gesamtleistung und Kommentare. Echtzeitanalysen liefern Musikern Einblicke in Timing, Tonhöhengenauigkeit und Zielgruppenreaktion und ermöglichen so spontane Anpassungen und einen besseren kreativen Ausdruck. Der Einsatz von KI als Ausbilder oder Assistent erweitert das menschliche Talent und kann zu ausgefeilteren und wirkungsvolleren Live-Inszenierungen beitragen.

Diese Verbesserungen werfen jedoch auch Fragen nach Authentizität und menschlichem Detailreichtum bei Live-Auftritten auf. Puristen mögen argumentieren, dass KI-generierte Musik und Interaktionen die Spontaneität und emotionale Intensität, die „stay track" ausmachen, verwässern.

Dennoch verkörpern viele Künstler und Zuschauer die Synergie aus menschlicher Kreativität und der generativen Kraft von KI als interessantes Grenzgebiet, das die Ausdrucksmöglichkeiten eher erweitert als einschränkt.

Aus ethischer Sicht erfordert die Verwendung biometrischer und verhaltensbezogener Daten bei Live-Auftritten eine sorgfältige Beachtung von Datenschutz, Einwilligung und Datensicherheit. Eine transparente Kommunikation mit Publikum und Darstellern über die Erhebung und Verwendung von Informationen ist entscheidend, um Vertrauen und Anerkennung zu wahren.

Mit der Weiterentwicklung der KI-Technologie werden wir in Zukunft immer komplexere und immersivere Live-Musik-Erlebnisse erleben. Hybride Performances, bei denen KI mit menschlichen Musikern improvisiert, adaptive Umgebungen, die auf kollektive Gefühlszustände reagieren, und interaktive Strukturen, die physisches und virtuelles Publikum verbinden, werden sich zu einem festen Bestandteil der Musiklandschaft entwickeln.

KI in Live- und interaktiven Studien definiert Live-Performance als lebendige Umgebung neu – ein Raum der ständigen Auseinandersetzung zwischen menschlichem Instinkt und algorithmischer Kreativität, Künstler und Publikum, Generation und Tradition. Diese wachsende Synthese verspricht, unser kulturelles Leben zu bereichern und die Art und Weise, wie wir uns über Klang verbinden, zu verändern.

KAPITEL 4

Literatur und Autorschaft mit KI

4.1. Der Aufstieg der Literatur mit künstlicher Intelligenz

Während Künstliche Intelligenz (KI) die Tech-Welt revolutioniert, erlebt auch eine der traditionellsten Kunstformen, die Literatur, eine Metamorphose. Die Schnittstelle zwischen KI und Literatur besteht nicht nur in der technologischen Integration; sie bedeutet auch die Neugestaltung von Sprache, Kreativität und Erzählformen. Dieses Zusammenspiel beschleunigt nicht nur den Prozess der Texterstellung, sondern kann auch das Wesen des Schriftstellerberufs grundlegend verändern. Der Aufschwung der Literatur durch Künstliche Intelligenz hat mit der Entwicklung KI-gestützter Schreibgeräte und der Weiterentwicklung literarischer Produktionsstrategien einen erheblichen Schritt erreicht.

KI hat sich zu einem zentralen Element der revolutionären Literatur entwickelt. Menschliche Autoren versuchen beim Schreiben einer Kurzgeschichte bewusst, bedeutungsvolle, wirkungsvolle und authentische Texte zu verfassen. KI kann jedoch einen systematischeren Ansatz verfolgen und mithilfe umfangreicher Statistiksysteme schriftliche Inhalte erstellen. Durch das Erlernen der Sprachform kann KI Autoren helfen, den grundlegenden Regeln der Literatur treu zu bleiben. Darüber hinaus kann künstliche Intelligenz Wörter, Systeme oder Kontexte vorschlagen, die menschlichen Autoren möglicherweise nicht bekannt sind, und so als Werkzeug fungieren, das die Kreativität ergänzt.

Der Aufstieg der Literatur durch KI ist nicht nur ein Wandel innerhalb des Schreibprozesses; es ist ein Phänomen, das auch innovative Fragestellungen verändert. KI kann Themen, Charaktere und Handlungsstränge erweitern. Beispielsweise kann eine KI- Software bisher unbekannte Charaktere, Dialoge oder sogar Handlungssysteme generieren, die in den Werken eines Autors verwendet werden können. Auf diese Weise könnte sie menschliche Autoren inspirieren oder ihr Denken auf ein neues Niveau heben.

Viele KI-Anwendungen nutzen Deep Learning und Algorithmen zur natürlichen Sprachverarbeitung, um menschliche Sprache zu verstehen und zu generieren. Diese Programme analysieren die Texte der Autoren, analysieren deren Stil und Sprachstrukturen und erstellen anschließend eigene Texte. Diese Texte sind jedoch nicht auf die Inhaltserstellung beschränkt; sie bieten zudem eine neue Perspektive auf die Sprachästhetik. KI kann die Sprachästhetik durch die Neugestaltung traditioneller Erzählsysteme, der Personentiefe und der Handlungsstränge neu gestalten.

KI-gestütztes Schreiben kann das Geschichtenerzählen ergänzen und literarische Höhen erreichen, die früher schwer zu erreichen waren. Beispielsweise kann KI die Fertigstellung einzigartiger, optimierter Texte beschleunigen und Autoren helfen, kreative Blockaden zu überwinden. Gleichzeitig kann KI neue Stiltechniken entwickeln und inspirierende Strategien für bestimmte Gefühle, Situationsthemen und persönliche Tendenzen vorschlagen. Dank ihrer Fähigkeiten kann KI Autoren Lösungen bieten, um neue kreative Grenzen zu entdecken.

Künstliche Intelligenz in der Literatur ist ein Werkzeug, um die Grenzen des kreativen Schreibens zu erweitern. KI kann neue Wege begünstigen, die menschliche Autoren möglicherweise nicht in Betracht gezogen hätten, die Technik verbessern und die Entstehung von Erzählungen anregen, die sowohl fortschrittlich als auch ansprechend sein können. KI-generierte Werke können zudem Hindernisse überwinden und neue Perspektiven in der Literaturwelt eröffnen und die Art und Weise verändern, wie Autoren ihr Handwerk ausüben.

Darüber hinaus wirft der Einsatz von KI in der Literatur verschiedene moralische Fragen auf. Ob KI als Autor anerkannt werden kann, die Originalität der erstellten Inhalte und die Grenzen zwischen menschlichen Autoren und KI sind weiterhin Gegenstand anhaltender Debatten. Diese Fragen müssen beantwortet werden, um die Rolle künstlicher Intelligenz in der modernen Kunst und die Zukunft des Schreibens besser zu verstehen.

KI-gestütztes Schreiben eröffnet Schriftstellern neue Möglichkeiten und bietet ihnen einen modernen Begleiter, der ihre Kompetenzen ergänzt. Mit zunehmender Weiterentwicklung der KI wird erwartet, dass sie die Zukunft der Literatur immer stärker prägt. Durch das Lesen komplexer Fakten kann KI dazu beitragen, vielfältigere fiktionale Werke zu schaffen und bisher unbekannte Ausdrucksformen zu entdecken. Die zunehmende Verbindung zwischen KI und Literatur birgt enormes Potenzial, die Art und Weise zu verändern, wie Erinnerungen erzählt werden, wer sie erzählt und für wen sie erzählt werden.

Diese Zusammenarbeit zwischen KI und menschlichen Autoren ist nicht nur eine Verbindung von Technologie und Kreativität – es ist eine Partnerschaft, die die Grenzen der Kreativität neu definieren kann. Dank der Fähigkeit der KI, Sprachmuster zu analysieren und große Textmengen zu analysieren, erhalten Autoren Zugang zu einer hochmodernen Quelle des Denkens und der Kreativität. Der Aufstieg der Literatur mithilfe von KI verändert die menschliche Kreativität daher nicht nur, sondern erweitert sie und führt zu einer komplexeren und dynamischeren Literaturlandschaft.

Mit der Weiterentwicklung der KI verspricht die Zukunft der Literatur vielfältiger und fortschrittlicher zu werden als je zuvor. Der Aufschwung KI-gestützter Schreibgeräte eröffnet neue Möglichkeiten – sowohl für etablierte Autoren als auch für diejenigen, die die Welt des literarischen Schaffens gerade erst entdecken. Durch diese Zusammenarbeit können KI- und menschliche Autoren gemeinsam die Grenzen der Vorstellungskraft erweitern und Geschichten entwickeln, die spannender, realistischer und zum Nachdenken anregender sind als je zuvor.

4.2. Beiträge der KI zum Romanschreiben

Die Integration künstlicher Intelligenz (KI) in das Romanschreiben bedeutet nicht unbedingt, Aufgaben zu automatisieren oder den Prozess zu beschleunigen. Vielmehr stellt sie einen Paradigmenwechsel in der Konzeption, dem Schreiben und sogar dem Verständnis von Romanen dar. Durch die Nutzung der Möglichkeiten maschinellen Lernens, Deep Learnings und natürlicher Sprachverarbeitung (NLP) hat KI begonnen, das Romanschreiben auf eine Weise zu fördern, die bisher nicht realisierbar war. Ihre Fähigkeit, den progressiven Prozess zu unterstützen und zu erweitern, hat in der Literaturszene sowohl Begeisterung als auch Skepsis hervorgerufen.

Einer der wichtigsten Beiträge von KI zum Romanschreiben besteht darin, als Werkzeug zur Entwicklung von Gedanken, Handlungssträngen und zur Unterstützung des individuellen Schaffens zu fungieren. Autoren leiden häufig unter Schreibblockaden oder Ideenverlust. KI-Systeme können mit ihrer Fähigkeit, große Datenmengen zu verarbeiten, durch die Nutzung von Lesemustern in erfolgreichen Erzählungen, Themen und literarischen Tropen zu flüssigen Gedanken beitragen. Beispielsweise kann KI durch das Verständnis von Stilkonventionen, Handlungsstruktur und Handlungsbögen für komplexe Handlungsstränge sorgen. Diese Hinweise können menschlichen Autoren als Ausgangspunkt dienen und ihnen eine Grundlage für die Entwicklung komplexerer und differenzierterer Erzählungen bieten.

Die Rolle der KI in der Plot-Generierung ist vor allem beim Brainstorming oder der Überwindung progressiver Hürden wertvoll. KI-Tools, darunter solche, die auf GPT-Modellen oder anderen natürlichen Sprachprozessoren basieren, können ganze Kapitel, Absätze oder Dialoge basierend auf einem vorgegebenen Impuls generieren. Autoren können eine kurze Gliederung ihrer Geschichte eingeben, und die KI entwickelt daraus eine umfassendere Handlung mit mehr Intensität. Diese Unterstützung spart Zeit und liefert Ideen, sodass sich der Autor stärker auf die Verfeinerung und Erweiterung seiner Ideen konzentrieren kann, anstatt sich mit den ersten Phasen der Handlungseinführung zu befassen.

Auch die Charaktereinführung ist ein Bereich, in dem KI enorm hilfreich sein kann. Die Entwicklung facettenreicher, glaubwürdiger Charaktere zählt zu den schwierigsten Aufgaben beim Romanschreiben. KI kann helfen, indem sie individuelle Neigungen, Hintergründe, Motivationen und sogar Sprechmuster suggeriert. Durch die Analyse riesiger Datensätze menschlichen Verhaltens, literarischer Persönlichkeitstypen und mentaler Profile kann KI neue Charaktere mit komplexen Persönlichkeiten vorschlagen, die ein Autor allein kaum entwickeln könnte. Diese KI-generierten Charaktere können Vorlagen enthalten, die Autoren verändern oder erweitern können, um ihren Erinnerungen mehr Intensität und Authentizität zu verleihen.

Über die Entwicklung von Handlung und Charakter hinaus kann KI auch stilistische und technische Aspekte des Schreibens unterstützen. Beispielsweise kann KI-Tools Autoren dabei helfen, ihre Texte zu verfeinern, indem sie Tipps zu Satzbau, Grammatik und Wortschatz geben. Diese Tools werden häufig von Autoren eingesetzt, um Lesbarkeit und Klarheit zu verbessern, können aber auch zum Experimentieren mit Stilen anregen. KI-gesteuerte Programme können alternative Formulierungen oder Strategien zur Erzeugung von Emotionen vorschlagen, die Autoren dazu anregen, über ihren gewohnten Stil und ihre Muster hinauszudenken. Dabei fungiert KI als digitaler Editor, der die kreative Arbeit eines Autors verbessert und neue Ausdrucksmöglichkeiten bietet.

Darüber hinaus kann KI die Struktur von Romanen analysieren und Kommentare zu Tempo, Ton und Erzählfluss abgeben. Sie kann prüfen, ob eine Geschichte konstant spannend bleibt, ob die Entwicklung einer logischen

Entwicklung folgt und ob das Tempo zum Genre passt. Die Fähigkeit der KI, große Datenmengen zu verarbeiten, ermöglicht es ihr, erfolgreiche Erzählmuster auf eine Weise zu erkennen, die menschlichen Autoren möglicherweise nicht sofort ersichtlich ist. Dieser analytische Ansatz erleichtert Autoren die Gestaltung ihrer Werke, indem er Bereiche hervorhebt, die Anpassungen oder Verbesserungen benötigen.

Ein weiterer wichtiger Beitrag der KI zum Romanschreiben ist ihr Potenzial, die globale Konstruktion zu unterstützen. Für Genres wie Science-Fiction und Mythologie ist die globale Konstruktion ein wichtiger Bestandteil des Entwicklungsprozesses. KI kann Autoren dabei helfen, komplexe Welten zu erschaffen, indem sie Umweltdetails, soziale Systeme, Sprachen und technologische Systeme vorschlägt, die im fiktiven Universum üblich sind. Durch die Analyse von Daten aus bestehenden fiktiven Welten kann KI neue Elemente vorschlagen, die zur Vision des Autors passen und die Intensität der Szene verstärken.

Neben diesen praktischen Beiträgen verändert KI auch unser Verständnis von Autorschaft und Originalität. Der Einsatz von KI im revolutionären Ansatz wirft Fragen darüber auf, was Originalität in der Literatur ausmacht. KI kann zwar Texte generieren, basiert dabei aber ausschließlich auf Stilen, Regeln und Fakten aus aktuellen Werken. Diese Abhängigkeit von vormodernen Statistiken stellt konventionelle Vorstellungen von progressiver Originalität in Frage. Kann ein durch KI geschaffenes Werk als wahres Werk der Autorschaft betrachtet werden oder ist es lediglich eine Ansammlung aktueller Ideen? Diese Fragen werden sich wahrscheinlich noch verschärfen, da die Rolle der KI im Schreiben immer weiter zunimmt.

Trotz der innovativen Beiträge, die KI zum Romanschreiben leistet, gibt es Bedenken hinsichtlich ihrer Fähigkeit, die Qualität des menschlichen Autors zu schmälern. Einige Kritiker argumentieren, dass KI-generierten Texten möglicherweise auch die Intensität, emotionale Resonanz und die präzise Perspektive fehlen, die menschliche Erfahrung ausmacht. Menschliche Autoren bringen persönliche Einblicke, gelebte Geschichten und einen kulturellen Kontext in ihre Arbeit ein, die KI nicht widerspiegeln kann. Die menschliche Note – unsere Fähigkeit, unsere Gefühle, Werte und Komplexitäten in eine Geschichte einfließen zu lassen – ist etwas, das KI, egal wie fortschrittlich sie ist, nicht annähernd nachahmen kann. KI kann zwar bei der Erstellung von Inhalten helfen, doch der Kern des Geschichtenerzählens liegt in der menschlichen Kreativität.

Der Beitrag von KI zum Romanschreiben besteht nicht unbedingt darin, Autoren zu ersetzen, sondern vielmehr darin, ihre Kompetenzen zu erweitern. Autoren können KI als innovatives Werkzeug nutzen, um neue Erzählmöglichkeiten zu erkunden, Schreibblockaden zu überwinden und Charaktere und Handlungsstränge zu entwickeln, die reichhaltig und facettenreich sind. Da KI-Tools immer moderner werden, bieten sie Autoren weiterhin wertvolle Unterstützung und machen das Schreiben umweltfreundlicher und weniger anspruchsvoll. Die Zukunft des Romanschreibens liegt daher in der Zusammenarbeit zwischen menschlichen Autoren und künstlicher Intelligenz, in der beide zusammenarbeiten, um Geschichten zu schaffen, die Leser fesseln, inspirieren und herausfordern.

Der Aufstieg der KI im Romanschreiben bietet Schriftstellern spannende Möglichkeiten zum Experimentieren, Innovieren und Erweitern der Grenzen des Erzählbaren. Die Integration von KI in den Schreibprozess wirft kritische ethische und philosophische Fragen auf und eröffnet zugleich neue Wege für Kreativität und kreativen Ausdruck. Mit der Weiterentwicklung der Technologie erkennen wir, dass die Zukunft des Romanschreibens nicht nur vom menschlichen Verstand oder der Maschine abhängt, sondern von ihrer Zusammenarbeit bei der Entwicklung einer neuen literarischen Landschaft. Die Rolle der KI bei der Gestaltung der Romane von morgen steht erst am Anfang, und ihr Einfluss auf die Literatur könnte tiefgreifend und nachhaltig sein.

4.3 Künstliche Intelligenz und die Zukunft der Literatur

Während sich Künstliche Intelligenz (KI) ständig weiterentwickelt, werden ihre Auswirkungen auf die Zukunft der Literatur immer tiefgreifender. Die Konvergenz von KI und Literatur wird nicht nur die Art des Schreibens, sondern auch unser Verständnis von Kreativität, Autorschaft und Geschichtenerzählen selbst verändern. Die Zukunft der durch KI angeregten Literatur wirft komplexe Fragen über die Grenzen menschlicher Kreativität, die Rolle der Ära im kreativen Ausdruck und die Art und Weise auf, wie diese Kräfte die Erzählungen von morgen prägen werden.

Im Kern bietet KI Schriftstellern und Kreativen die großartige Möglichkeit, sich an neuen Formen der literarischen Produktion zu beteiligen. KI-gestützte Tools können Schriftsteller bei der Gedankenfindung, der Strukturierung von Handlungen, der Charakterentwicklung oder sogar beim Experimentieren mit Sprache in bestehenden Systemen unterstützen. Der Einfluss von KI auf die literarische Schöpfung geht jedoch über bloße Unterstützung hinaus. KI könnte später auch als Co-Autor im literarischen Prozess fungieren und so neue Möglichkeiten der Zusammenarbeit zwischen menschlichen Autoren und maschineller Intelligenz eröffnen. Diese Verbindung zwischen menschlicher Vorstellungskraft und den Rechenfähigkeiten der KI hat das

Potenzial, die Grenzen der literarischen Arbeit neu zu definieren.

Eine der wichtigsten Strategien, mit denen KI die Zukunft der Literatur prägen wird, ist die Entwicklung extrem individueller Lesekritiken. Mit fortschreitender KI-Generation wird es möglich sein, Erinnerungen an die Entscheidungen der Charaktere anzupassen und dynamische Erzählungen zu entwickeln, die sich an die emotionalen Reaktionen, Vorlieben und Hobbys des Lesers anpassen. Dieser Grad der Personalisierung wird die Art und Weise, wie Geschichten erzählt werden, neu definieren und den Lesern ein interaktives und immersives Erlebnis bieten, das über die traditionellen Grenzen des linearen Erzählens hinausgeht. KI-gesteuerte Literatur sollte sich zu einem ansprechenden, adaptiven Medium entwickeln, in dem der Leser eine aktive Rolle im Verlauf der Geschichte spielt und ein partizipativeres Erlebnis bietet, das sich mit jeder Interaktion weiterentwickelt.

Die Fähigkeit, enorme Mengen an Inhalten in kurzer Zeit zu generieren, ist ein weiteres Kennzeichen des Potenzials von KI in der Literaturwelt. KI-Systeme, die anhand großer Textdatensätze trainiert werden, können in einem Bruchteil der Zeit, die ein menschlicher Autor benötigt, zusammenhängende Erzählungen erstellen. Diese Fähigkeit, Inhalte in großem Maßstab zu generieren, dürfte weitreichende Auswirkungen auf Branchen wie das Verlagswesen haben, wo die Nachfrage nach Inhalten oft das Angebot übersteigt. KI dürfte zur Produktion von Büchern, Artikeln und anderen Formen schriftlicher Inhalte beitragen, den Schreibprozess potenziell demokratisieren und Literatur einem breiteren Publikum zugänglich machen. Dieser Wandel könnte jedoch auch die Bedenken hinsichtlich der Überproduktion von Inhalten und der Verwässerung der Qualität verstärken, da KI- generierten Werken möglicherweise die Tiefe und emotionale Resonanz fehlt, die normalerweise in von Menschen verfassten Texten zu finden ist.

Über die Erstellung von Inhalten hinaus kann KI die Art und Weise beeinflussen, wie Literatur konsumiert wird. Der zunehmende Einsatz von KI-gestützten Systemen und virtuellen Lerngeräten dürfte zu einer immersiveren, interaktiveren Form des Geschichtenerzählens führen. KI sollte das Leseerlebnis an den individuellen Geschmack anpassen und Tempo, Tonfall und sogar die verwendete Sprache an die Vorlieben des Lesers anpassen. Beispielsweise könnte KI Lesern basierend auf ihren Reaktionen auf vorherige Kapitel verschiedene Versionen einer Geschichte anbieten und so ein individuelleres und ansprechenderes Erlebnis schaffen. Dies könnte sich auch auf Hörbücher ausweiten, bei denen sich KI-generierte Stimmen an die Emotionen der Geschichte anpassen und so die Verbindung des Hörers mit der Erzählung stärken.

Der Einfluss von KI auf die Literatur beschränkt sich nicht nur auf die Erstellung von Inhalten; sie prägt auch die Art und Weise, wie wir Erinnerungen verstehen und analysieren. Algorithmen zur maschinellen Lernfähigkeit können eingesetzt werden, um die umfangreiche Literatur zu analysieren und Stile in Erzählstrukturen, Themen und stilistischen Alternativen zu identifizieren. KI kann Literaturwissenschaftler bei der eingehenden Analyse von Texten unterstützen und Einblicke in die Entwicklung der Literatur im Laufe der Jahre und deren Spiegelung sozialer, politischer und kultureller Veränderungen geben. KI-gesteuerte Systeme könnten auch die literarische Kritik revolutionieren, indem sie eine stärker datenbasierte und zielgerichtete Herangehensweise an die Lektüre literarischer Werke ermöglichen und so neue Interpretationen und Erkenntnisse ermöglichen, die sonst möglicherweise unbeachtet bleiben.

Darüber hinaus kann KI auch zur Erhaltung und Zugänglichkeit literarischer Werke beitragen. Durch die Digitalisierung und Indexierung großer Mengen schriftlichen Materials kann KI den Aufbau digitaler Bibliotheken unterstützen, in denen Leser auf Texte aus bestimmten Epochen, Regionen und Kulturen zugreifen können. KI-gestützte Übersetzungssysteme erleichtern Lesern den Zugang zu literarischen Werken in verschiedenen Sprachen und steigern so den Nutzen des weltweiten Geschichtenerzählens. Diese digitale Transformation kann auch dazu beitragen, seltene und historische Texte zu bewahren und sicherzustellen, dass zukünftige Generationen Zugang zu kulturellen Schätzen haben, die sonst verloren gehen könnten.

Trotz dieser vielversprechenden Trends wirft die Integration von KI in die Literaturwelt wichtige ethische und philosophische Fragen auf. Eine der dringlichsten Fragen betrifft die Frage nach Urheberschaft und Originalität. Wenn KI für die Erstellung von Inhalten verantwortlich ist, wer besitzt dann die Rechte am Kunstwerk? Ist es die Maschine, der Programmierer oder der Käufer, der die ursprüngliche Idee einbringt? Diese Fragen werden sich wahrscheinlich als wertvoll für die Diskussion über hochkarätige Ressourcen in der Zukunft der Literatur erweisen. Mit der zunehmenden Einbindung von KI in den Innovationsprozess werden zudem Fragen nach der Person der Kreativität selbst aufkommen. Kann ein Gerät einfach revolutionär sein oder ahmt es lediglich Stile nach, die es von menschlichen Schöpfern gelernt hat? Was bedeutet es für ein literarisches Werk, „echt" zu sein, wenn es durch eine Reihe von Regeln und nicht durch einen menschlichen Geist geschaffen wurde?

Ein weiteres großes Szenario ist die Fähigkeit von KI, Vorurteile in der Literatur zu verewigen. KI-Systeme basieren auf aktuellen Daten, die die in der Gesellschaft, aus der diese Informationen stammen, vorhandenen Vorurteile widerspiegeln können. Infolgedessen kann KI-generierte

Literatur diese Vorurteile auch unbeabsichtigt reproduzieren und so schädliche Stereotype verstärken oder marginalisierte Stimmen ausschließen. Dieses Problem unterstreicht die Notwendigkeit einer verantwortungsvollen Entwicklung und Kontrolle von KI in innovativen Branchen. KI-Tools müssen so konzipiert sein, dass sie Vielfalt, Fairness und Inklusion in den von ihnen generierten Erinnerungen fördern.

Die Zukunft der Literatur, die durch KI gestaltet wird, lädt uns zudem dazu ein, die Rolle des Autors zu überdenken. In einer Welt, in der Maschinen die Entwicklung von Erzählungen unterstützen, könnte das traditionelle Konzept des einzelnen Autors in Frage gestellt werden. Stattdessen könnten Schriftsteller mit KI zusammenarbeiten und die Technologie als Werkzeug nutzen, um neue Ideen zu entwickeln und ihre Kreativität zu erweitern. Dieser Wandel könnte auch das Konzept der Autorschaft neu definieren und den Autor vom Einzelautor zum Co-Autor machen, der gemeinsam mit dem Gerät neue Formen des literarischen Ausdrucks schafft.

Das Schicksal der Literatur im Zeitalter der KI ist voller Versprechen und Unsicherheit. KI hat zwar das Potenzial, das Geschichtenerzählen zu revolutionieren und es persönlicher, zugänglicher und moderner zu machen, wirft aber auch wichtige Fragen zu Autorschaft, Originalität und Voreingenommenheit auf. Da sich die KI weiter anpasst, ist es für Schriftsteller, Studierende und Experten wichtig, diese schwierigen Situationen umsichtig zu meistern und sicherzustellen, dass die Technologie die reiche und vielfältige Welt der Literatur ergänzt und schwächt. So wird die Zukunft der Literatur eine Verschmelzung von menschlicher Kreativität und Computerintelligenz sein – eine Partnerschaft, die neue Möglichkeiten eröffnet und neue geografische Bereiche des Geschichtenerzählens für kommende Generationen erschließt.

4.4. KI in poetischen und Drehbuchanwendungen

Der Einzug künstlicher Intelligenz in die Bereiche Poesie und Drehbuchschreiben markiert einen transformativen Wandel in der literarischen Kreativität, da Algorithmen nun nicht mehr nur als Werkzeug, sondern auch als Kollaborateure und Co-Autoren dienen. Historisch gesehen stützten sich Poesie und Drehbuchschreiben stark auf menschliche Intuition, emotionale Intensität und kulturellen Kontext, um Bedeutung, Dramatik und Schönheit zu erzeugen. Heute sind KI-Systeme zunehmend in der Lage, Verse und Sprache zu generieren, narrative Strukturen zu erforschen und sogar thematische Elemente hinzuzufügen – und damit traditionelle Vorstellungen von Autorschaft, Originalität und dem kreativen Prozess selbst zu widerlegen.

Im Mittelpunkt der KI-Funktion in poetischen und skriptbasierten Programmen steht die Verarbeitung natürlicher

Sprache (NLP), ein Zweig der KI, der sich auf die Verarbeitung, Produktion und Manipulation menschlicher Sprache spezialisiert hat. Fortschritte bei großen Sprachmodellen (LLMs), darunter die GPT-Reihe von OpenAI, Googles BERT und andere, haben die Fähigkeit von Maschinen, kohärenten, kontextrelevanten und stilistisch vielfältigen Text zu generieren, dramatisch verbessert. Diese Modelle sind an umfangreichen Korpora aus Literatur, Dialog und Poesie ausgebildet und können so Muster von klassischen Sonetten bis hin zu modernen Drehbüchern imitieren.

In der Poesietechnologie können KI-Systeme Verse produzieren, die formalen Strukturen wie Sonetten, Haikus oder freien Versen folgen und gleichzeitig mit Versmaß, Reim und Bildsprache experimentieren. Projekte wie Googles PoemPortraits und der Kreativmodus von AI Dungeon zeigen, wie KI eindrucksvolle, manchmal surreale Gedichte verfassen kann, die starke emotionale Reaktionen hervorrufen. Diese Systeme verbinden oft sprachliche Kreativität mit statistischem Lernen, kombinieren Phrasen neu und erzeugen Metaphern, die selbst erfahrene Dichter in Erstaunen versetzen.

Eine der spannendsten Anwendungen ist die Entwicklung von KI als innovativem Partner. Anstelle vollständig automatisierter Poesie-Technologie nutzen viele Dichter heute KI, um Schreibblockaden zu überwinden, Entwürfe zu erstellen oder neue Themen zu inspirieren. Durch die Eingabe von Eingabeaufforderungen, Schlüsselwörtern oder Teilzeilen treten Dichter in einen Dialog mit KI, verfeinern ihre Ergebnisse und bringen persönliche Sensibilität ein. Dieser hybride Ansatz steigert die Produktivität und erweitert den kreativen Horizont, ohne die menschliche Kreativität zu beeinträchtigen.

Beim Drehbuchschreiben unterstützen KI-Tools die Handlungsentwicklung, die individuelle Kommunikation und die Szenengestaltung. Die Fähigkeit, plausible, kontextbezogene Kommunikation zu generieren, ist dabei entscheidend. KI-gestützte Programme wie ScriptBook analysieren beispielsweise Drehbuchtexte, um das Publikumsengagement und den kommerziellen Erfolg vorherzusagen. Andere Programme wie Plotagon und Scriptonite ermöglichen es Nutzern, Drehbücher mithilfe von KI-generierten Textinformationen gemeinsam zu erstellen.

Darüber hinaus kann KI bei der Strukturierung von Handlungsbögen helfen, indem sie narrative Schwerpunkte identifiziert und mögliche Fortgänge basierend auf Stilkonventionen vorschlägt. Tools mit Story-Grammatiken und Plot-Datenbanken helfen Autoren, Kohärenz und dramatische Spannung zu bewahren, insbesondere bei komplexen Drehbüchern mit mehreren Charakteren und Nebenhandlungen.

Interaktive Storytelling-Programme nutzen KI, um dynamische, verzweigte Erzählungen zu entwickeln, in denen die Entscheidungen der Spieler die Geschichte in Echtzeit beeinflussen. Dies zeigt sich beispielsweise in Videospielen und interaktiven Filmen, in denen KI-generierte Dialoge und Handlungspunkte sich an die Entscheidungen der Spieler anpassen und so personalisierte Erzählmuster entwickeln. Solche Strukturen verwischen die Grenze zwischen Drehbuchschreiben und Improvisation und positionieren KI sowohl als Drehbuchautor als auch als Regisseur.

Über die Funktionalität hinaus eröffnet KI neue ästhetische Möglichkeiten. Einige KI-generierte Drehbücher experimentieren mit Sprachspielereien, nichtlinearer Erzählweise und hybriden Genres und erweitern so die Grenzen des konventionellen Geschichtenerzählens. Durch die Analyse und Neukombination riesiger Datensätze kann KI unerwartete Interaktionen zwischen Männern und Frauen oder unerwartete Wendungen in der Handlung vorschlagen, die konventionelle Tropen aufbrechen und menschliche Autoren dazu inspirieren, innovative Wege zu beschreiten.

Die Integration von KI in Poesie und Drehbuchschreiben wirft jedoch erhebliche Fragen zu Urheberschaft und Originalität auf. Wenn eine KI ein Gedicht oder Drehbuch ausschließlich auf Grundlage bestehender literarischer Statistiken erstellt, wie groß ist dann das Ergebnis? Wer besitzt die Rechte am geistigen Eigentum – der Entwickler der KI, der Nutzer, der den Text erstellt hat, oder keiner von beiden?

Diese rechtlichen und ethischen Dilemmata entwickeln sich parallel zum technologischen Fortschritt.

Eine weitere Aufgabe ist die kontextuelle und kulturelle Sensibilität von KI-generierten Texten. Obwohl die Modelle sprachlich versiert sind, können sie unbeabsichtigt voreingenommene, stereotype oder unsensible Inhalte produzieren, die die in ihren Bildungsinformationen enthaltenen Vorurteile widerspiegeln. Der verantwortungsvolle Einsatz von KI in literarischen Programmen erfordert sorgfältige Kuratierung, menschliche Aufsicht und kontinuierliche Weiterentwicklung, um ethische und respektvolle Ergebnisse zu gewährleisten.

Darüber hinaus bleibt die eingeschränkte Fähigkeit der KI, emotionale Nuancen und Subtexte zu erfassen, ein Hindernis. Poetisches und dramatisches Schreiben basiert oft auf Subtilität, Ironie und Mehrdeutigkeit – Eigenschaften, die algorithmisch nur schwer zu kodieren sind. KI kann diese Funktionen zwar bis zu einem gewissen Grad nachahmen, reproduziert aber selten die tiefe menschliche Erfahrung und Einsicht, die großartiger Literatur zugrunde liegt.

Trotz dieser Hindernisse sind die Beiträge der KI in den Bereichen Poesie und Drehbuchschreiben bereits tiefgreifend und wachsen stetig. Gemeinsame Projekte von Schriftstellern und KI haben zu veröffentlichten Anthologien, Experimentalfilmen und Performances geführt, die das

Zusammenspiel von Systemlogik und menschlicher Vorstellungskraft erforschen. Diese Werke laden das Publikum ein, über das Wesen der Kreativität, die Rolle der Generation im Lebensstil und die Zukunft des Geschichtenerzählens nachzudenken.

Auch Bildungseinrichtungen setzen KI-basierte Schreibtools ein, um Studierende bei der Entwicklung narrativer Strukturen, poetischer Mittel und kreativer Schreibtechniken zu unterstützen. Durch direkte Kommentare und Beispiele kann KI die Literaturpädagogik verbessern und neue Generationen von Schriftstellern inspirieren.

KI in poetischen und drehbuchbasierten Anwendungen stellt eine überzeugende Verbindung von Kreativität und Kunst dar. Sie erweitert kreative Möglichkeiten, demokratisiert den Zugang zur literarischen Produktion und regt einen kritischen Diskurs über die Entwicklung von Autorschaft und Originalität an. Mit zunehmender Weiterentwicklung wird KI menschliche Dichter und Dramatiker nicht mehr ersetzen, sondern zu einem unverzichtbaren Begleiter werden – einer, der das unsterbliche Handwerk des Geschichtenerzählens herausfordert, erweitert und bereichert.

4.5. Narrative Generierung und Storytelling mit KI

Die Kunst des Geschichtenerzählens ist ein Eckpfeiler menschlicher Kultur. Sie prägt Identität, vermittelt Werte und schafft generationenübergreifende Bedeutung. Traditionell ist Geschichtenerzählen eine zutiefst menschliche Aufgabe – ein Akt der Kreativität, Empathie und des Handwerks. Mit dem Vormarsch künstlicher Intelligenz entwickelt sich die Erzählkunst jedoch zu einem Bereich, in dem Maschinen nicht nur unterstützen, sondern auch aktiv an der Entstehung und Gestaltung von Geschichten beteiligt sind. KI-gestützte Erzähltechnologie und Storytelling stellen einen tiefgreifenden Wandel in der Innovationslandschaft dar. Sie verbindet menschlichen Einfallsreichtum mit Rechenleistung und definiert so neu, wie Geschichten konzipiert, konstruiert und erzählt werden.

Im Mittelpunkt des KI-Storytellings steht die Fähigkeit, zusammenhängende, kontextrelevante Textsequenzen zu generieren, die die menschliche Erzählstruktur simulieren. Diese Fähigkeit wird im Wesentlichen durch Fortschritte in der natürlichen Sprachverarbeitung (NLP) und in umfangreichen Sprachmodellen (LLMs) ermöglicht, darunter die GPT-Reihe von OpenAI, Googles LaMDA und andere. Diese Modelle basieren auf umfangreichen Datensätzen, darunter Literatur, Skripte, Gespräche und mehr. Dadurch können sie basierend auf anfänglichen Auslösern mögliche Fortsetzungen einer Geschichte vorhersehen und produzieren.

Eine der überzeugendsten Möglichkeiten der KI-basierten Erzählgenerierung ist interaktives Storytelling. Im Gegensatz zu statischen Erzählungen ermöglichen interaktive Geschichten dem Publikum, Handlungsverlauf, persönliche Entscheidungen und Konsequenzen zu steuern und so personalisierte Geschichten zu erschaffen. KI ermöglicht es diesen Systemen, sich dynamisch anzupassen und neue Erzählinhalte als Reaktion auf persönliche Entscheidungen zu entwickeln. Dadurch wird die Vielfalt und Intensität möglicher Erzählstränge über traditionelle Verzweigungssysteme hinaus erhöht. Spiele, immersives Theater und digitale Romane integrieren zunehmend KI, um die narrative Kohärenz zu wahren und gleichzeitig eine unbegrenzte, teilnehmergesteuerte Variation zu ermöglichen.

KI-gestützte Erzähltechnologie unterstützt menschliche Autoren auch bei der Verbesserung ihrer Geschichten und der Ideenfindung. Durch die Erstellung mehrerer Handlungsskizzen, individueller Hintergründe oder Dialogoptionen fungiert KI als innovativer Partner, der Schreibblockaden überwindet und die Originalität fördert. Tools wie Sudowrite und Jasper bieten Autoren Richtlinien, Erweiterungen und Umschreibungen, sodass sie schnell neue Erzählanweisungen finden. Diese kollaborative Methode nutzt die Mustererkennung der KI, um die Vorstellungskraft des Autors zu ergänzen und so zu einem reichhaltigeren und vielfältigeren Geschichtenerzählen zu führen.

Darüber hinaus können KI-Strukturen aktuelle Aussagen untersuchen, um sich allgemeiner Archetypen, Probleme und

Systeme bewusst zu werden. Dieses metanarrative Wissen ermöglicht es ihnen, Geschichten zu entwickeln, die klassischen Erzählkonventionen entsprechen, diese untergraben oder neu mischen – sei es das Abenteuer, die Tragödie oder die Komödie des Helden. Solche Systeme können maßgeschneiderte Erzählungen für bestimmte Genres, Stimmungen oder Zielgruppen generieren und so die Erstellung maßgeschneiderter Inhalte für Freizeit, Training oder Werbung ermöglichen.

Generative KI eröffnet zudem neue Möglichkeiten im transmedialen Storytelling. Dabei werden Erzählungen über mehrere Plattformen – Bücher, Filme, Videospiele und soziale Medien – verbreitet. KI trägt dabei zur Wahrung von Konsistenz und Vernetzung bei. KI kann ergänzende Inhalte, Gesprächsausschnitte oder historisches Wissen generieren und so die Erzählung bereichern und das Publikum auf tiefere, vielfältige Weise ansprechen.

Im Bereich des personalisierten Storytellings nutzt KI Verbraucherstatistiken, darunter Entscheidungen, Verhalten oder emotionale Faktoren, um Erfahrungsberichte zu erstellen, die auf individueller Ebene Anklang finden. Dies findet Anwendung in den Bereichen Training, Therapie und Unterhaltung. Beispielsweise nutzen therapeutische Storytelling-Programme KI, um Erzählungen zu generieren, die Nutzern helfen, Gefühle oder Geschichten zu verarbeiten, während Bildungsplattformen die Komplexität oder den Inhalt von Geschichten an das Niveau des Lernenden anpassen können.

Trotz dieser Fortschritte bleiben Herausforderungen bestehen. Die Aufrechterhaltung narrativer Kohärenz und emotionaler Tiefe über lange, KI-generierte Texte hinweg bleibt schwierig. KI-Modelle zeichnen sich zwar durch eine enge Kohärenz – Übergänge von Satz zu Satz – aus, haben aber häufig Schwierigkeiten mit globalen Erzählbögen, thematischer Konsistenz und individueller Entwicklung, die sich über längere Erzählungen hinweg ungehindert entfaltet. Forscher erforschen Strategien wie hierarchische Modellierung, bestärkendes Lernen und gedächtniserweiterte Netzwerke, um diese Herausforderungen zu bewältigen.

Ethische Bedenken ergeben sich zudem hinsichtlich der Urheberschaft und Originalität von KI-generierten Geschichten. Wird eine Erzählung durch einen Algorithmus generiert, der mit großen Mengen von menschlich erstelltem Inhalt trainiert wurde, stellen sich Fragen zu Plagiaten, Urheberrechten und den kulturellen Auswirkungen des computergestützten Geschichtenerzählens. Das Risiko von KI-generierten Fehlinformationen oder Manipulationen durch erfundene Erzählungen unterstreicht die Notwendigkeit einer sorgfältigen Überwachung.

Darüber hinaus führt der Mangel an authentischer Empathie und gelebter Erfahrung in der KI dazu, dass

Maschinen zwar Gefühle sprachlich simulieren können, aber kein echtes emotionales Wissen besitzen. Diese Lücke kann dazu führen, dass Geschichten ohne menschliche redaktionelle Beteiligung formelhaft oder emotional hohl wirken.

Dennoch bereichert die Verschmelzung von KI und Storytelling das innovative Umfeld. Sie gibt Geschichtenerzählern leistungsstarke Werkzeuge für Ideenfindung, Erweiterung und Publikumsbindung an die Hand und bietet dem Publikum gleichzeitig neuartige, interaktive und personalisierte Erzählerlebnisse. Mit der fortschreitenden Weiterentwicklung der KI könnten wir die Entstehung neuer literarischer Texte und Genres erleben – hybride Kreationen, die algorithmische Prozesse mit menschlicher Kunst verbinden.

Narrative Generierung und Storytelling mit KI sind sowohl ein technologischer Erfolg als auch eine kulturelle Revolution. Durch die Verbindung der computergestützten Fähigkeit, Sprache zu verarbeiten und zu produzieren, mit dem unermüdlichen menschlichen Druck, Zeugnisse zu vermitteln, erweitert KI die Grenzen narrativer Darstellung. Sie lädt uns ein, neu zu denken, was Erinnerungen sind, wer sie vermitteln kann und wie sie unser Weltverständnis prägen. Mit der Weiterentwicklung dieses Bereichs garantiert die Zusammenarbeit zwischen menschlicher Vorstellungskraft und maschineller Intelligenz neue Möglichkeiten der Kreativität und Vernetzung.

4.6. Die Evolution literarischer Stile durch KI

Literatur ist eine lebendige Kunstform, die sich mit dem Wandel kultureller, sozialer und technologischer Kontexte kontinuierlich weiterentwickelt. Im Laufe der Geschichte entstanden als Reaktion auf Veränderungen in Sprache, Philosophie und Medien neue literarische Muster – von den kunstvollen Metaphern der Romantik bis zu den fragmentarischen Erzählungen der Moderne. In der modernen Technologie spielt künstliche Intelligenz (KI) eine immer wichtigere Rolle bei der Gestaltung und Überarbeitung literarischer Muster und bietet außergewöhnliche Werkzeuge, die traditionelle Hürden überwinden und zu neuen Ausdrucksformen einladen.

Literarische Mode umfasst im Kern den spezifischen Sprachgebrauch, bestehend aus Syntax, Diktion, Ton, Rhythmus und Erzähltechniken. Das Potenzial der KI, stilistische Muster mit hoher Präzision zu analysieren und zu reproduzieren, eröffnet neue Möglichkeiten für Experimente und Innovationen. Große Sprachmodelle (LLMs), die auf verschiedenen literarischen Korpora basieren, können die Prosa klassischer Autoren nachahmen, poetische Rhythmen imitieren oder hybride Stile entwickeln, die mehrere Affekte vereinen. Diese Fähigkeit hat tiefgreifende Auswirkungen auf die Stilgestaltung von Schriftstellern und die Entwicklung der Literatur selbst.

Einer der frühesten Einflüsse von KI auf die literarische Mode ist die Wiederbelebung und Neuinterpretation historischer Stile. Durch die Analyse von Texten aus bestimmten Epochen oder von bestimmten Autoren kann KI Prosa oder Lyrik im Stil von Shakespeare, Jane Austen oder James Joyce generieren. Solche Ergebnisse dienen nicht nur als Hommage, sondern ermöglichen es auch modernen Autoren, stilistische Konventionen mit neuen Augen zu betrachten und klassische Elemente in zeitgenössische Kontexte zu integrieren. Diese Interaktion bereichert die literarische Subkultur, indem sie durch algorithmische Vermittlung eine Brücke zwischen Gegenwart und Gegenwart schlägt.

KI ermöglicht zudem die Entwicklung experimenteller Muster, die sprachliche und strukturelle Hürden überwinden. So können generative Methoden beispielsweise nichtlineare, fragmentierte oder fesselnde Texte hervorbringen, die die Erwartungen der Leser herausfordern. Sie können die Syntax auf unkonventionelle Weise handhaben, Neologismen erfinden oder Genres mischen – Lyrik mit Prosa, Erzählung mit Code oder Realismus mit Surrealismus. Diese Verbesserungen erweitern die Palette literarischen Ausdrucks und laden Schriftsteller ein, über konventionelle Bürokratie hinauszugehen.

Der Einsatz von KI im kollaborativen Schreiben hat die stilistische Entwicklung ebenfalls vorangetrieben. Autoren, die mit KI zusammenarbeiten, interagieren in einem dynamischen Austausch und regen das System zu überraschenden Formulierungen oder konzeptionellen Gegenüberstellungen an. Diese dialogische Methode regt kreatives Risikoverhalten an und fördert hybride Muster, die menschliche Instinkte mit systemgenerierter Neuheit verbinden. Aus solchen Kollaborationen sind veröffentlichte Werke hervorgegangen, die exemplarisch für neue literarische Stimmen stehen, die teilweise durch algorithmische Einflüsse geprägt wurden.

Darüber hinaus unterstützen KI-gestützte Geräte die individuelle Stilentwicklung. Durch die Analyse des Werks eines einzelnen Autors kann KI charakteristische Stilrichtungen erkennen und Verbesserungen oder Alternativen empfehlen. Dieser Feedback-Loop ermöglicht es Autoren, ihren Stil zu verfeinern, mit neuen Techniken zu experimentieren oder kreative Blockaden zu überwinden. Dadurch wird der literarische Stil zu einem fließenderen und anpassungsfähigeren Phänomen, das durch die Interaktion mit intelligenten Systemen kontinuierlich geformt wird.

Die Demokratisierung des Stils ist ein weiterer großer Effekt der KI. Nachwuchsautoren ohne formale Ausbildung können auf KI-Tools zugreifen, um anspruchsvolle Prosa oder poetische Texte zu verfassen und dabei traditionelle Zugangsmechanismen effektiv zu umgehen. Dies erweitert das

Spektrum an Stimmen und Stilen in der modernen Literatur und fördert mehr Vielfalt und Inklusivität. Da immer mehr Menschen mit literarischen Werken interagieren, entstehen neue Stile, die unterschiedliche kulturelle Hintergründe und Ansichten widerspiegeln.

Die Entwicklung literarischer Stile durch KI wirft jedoch auch wichtige Fragen auf. Die Gefahr der Homogenisierung ist real: Während viele Autoren auf dieselben KI-Modelle zurückgreifen, die auf überlappenden Datensätzen trainiert wurden, können ihre Ergebnisse stilistisch konvergieren, was zu einem Rückgang der Vielfalt führt. Um dem entgegenzuwirken, ist individuelles Training anhand von Nischen- oder privaten Datensätzen unerlässlich, um den authentischen Stil zu bewahren.

Auch die Authentizität und emotionale Tiefe KI-generierter Stile sind Gegenstand von Diskussionen. KI kann zwar oberflächliche stilistische Fähigkeiten widerspiegeln, es mangelt ihr jedoch an gelebter Freude und emotionalem Bewusstsein. Daher argumentieren einige Kritiker, dass KI-generierten Mustern möglicherweise auch die Subtilität, Ironie oder Komplexität fehlt, die tiefgründige Literatur ausmachen. Menschliche redaktionelle Eingriffe bleiben unerlässlich, um generierten Texten sinnvolle Nuancen zu verleihen.

Darüber hinaus rücken ethische Überlegungen zu Urheberschaft und intellektuellem Eigentum in den

Vordergrund, da KI eine immer größere Rolle bei der Modegestaltung spielt. Die Bestimmung der Urheberschaft und des Eigentums an mithilfe von KI erstellten Werken stellt bestehende rechtliche Rahmenbedingungen und kulturelle Normen in Frage und regt zu anhaltenden Diskursen innerhalb der literarischen Gemeinschaft an.

Neben Texten erstreckt sich der Einfluss von KI auch auf multimodale literarische Stile, in denen Text mit Ton, Bild und Interaktivität interagiert. KI ermöglicht die Einführung von Hypertext-Literatur, audiovisueller Poesie und interaktiven Erzählungen, die sich stilistisch durch die Eingabe des Benutzers weiterentwickeln. Diese hybriden Formen stellen eine völlig neue Grenze in der literarischen Entwicklung dar und verbinden traditionelles Geschichtenerzählen mit neuen Technologien.

Die Entwicklung literarischer Stile durch KI dürfte künftig zunehmen, da die Modelle immer ausgefeilter werden und über tiefere semantische Kompetenz und emotionale Resonanz verfügen. Fortschritte in der erklärbaren KI können es Autoren zudem ermöglichen, sich transparenter mit generativen Strategien auseinanderzusetzen und so mehr stilistische Kontrolle und Innovation zu fördern.

KI ist nicht nur ein Werkzeug zur Replikation, sondern ein aktiver Akteur in der kontinuierlichen Entwicklung literarischer Stile. Indem sie Erneuerung, Experimente, Zusammenarbeit und Demokratisierung ermöglicht, verändert

KI die Art und Weise, wie Literatur geschrieben, studiert und verstanden wird. Dieser Wandel lädt zu Freude und Reflexion ein, während die Menschheit neue künstlerische Horizonte erkundet, die durch die Synergie von menschlicher Kreativität und künstlicher Intelligenz entstehen.

KAPITEL 5

Die Zukunft der Kunst: KI und Mensch

5.1. Der menschliche Faktor in der KI-Kunst

Die wachsende Rolle der KI in der Entstehung von Kunstwerken hat in der progressiven Community sowohl Freude als auch Skepsis hervorgerufen. Das Zusammenspiel zwischen menschlichen Künstlern und KI-Technologie definiert die künstlerische Arbeitsweise neu, wobei Maschinen neue Werkzeuge, Techniken und Möglichkeiten bieten. Das menschliche Detail bleibt jedoch für das künstlerische Vorhaben von grundlegender Bedeutung und stellt sicher, dass die Technik Bedeutung, Intensität und emotionale Resonanz behält. KI kann zwar auch Ausdrucksformen hervorbringen, doch es ist das menschliche Detail, das diesen Kreationen Bedeutung verleiht.

KI-Algorithmen zeichnen sich durch Mustererkennung, die Verarbeitung enormer Datenmengen und die Generierung von Ergebnissen aus, die sowohl real als auch fantastisch wirken können. Maschinen können mit zunehmender Raffinesse Fotos, Musik, Literatur und verschiedene Kunstformen produzieren. Hinter jedem von KI geschaffenen Kunstwerk steckt jedoch menschlicher Einfluss, angefangen beim Entwurf der Algorithmen bis hin zur Kuratierung der Datensätze, die zum Trainieren des Systems verwendet werden. Der Mensch ist für die Gestaltung der Parameter verantwortlich, innerhalb derer das System arbeitet, und ohne diese Anleitung ist die KI möglicherweise nicht in der Lage, bedeutsame Kunstwerke zu schaffen.

Obwohl Maschinen technische Muster und ästhetische Dokumente abbilden können, fehlen ihnen die gelebten Bewertungen, Gefühle und kulturellen Verständnisse, die menschliche Kreativität ausmachen. Das persönliche Erlebnis, die emotionale Intensität und die Reaktion des Künstlers auf die Szene bieten Bedeutungsebenen, die KI nicht widerspiegeln kann. Eine KI-Maschine kann zwar ein großartiges Porträt oder eine symphonische Komposition schaffen, aber ohne den zugrundeliegenden Kontext menschlicher Erfahrung, der Gemälden die Kraft verleiht, zu fesseln, Gedanken zu provozieren und zum Handeln anzuregen.

Dieser menschliche Einfluss wird besonders wichtig, wenn KI zur Erforschung neuer innovativer Gebiete eingesetzt wird. In diesen Fällen nutzt der Künstler KI nicht mehr nur als Werkzeug zur Schaffung innerer Strukturen, sondern setzt sie ein, um neuartige und experimentelle Ideen zu entwickeln. KI wird hier nicht nur zum Medium, sondern zum aktiven Partner im Prozess der kreativen Entdeckung. Die Grenzen der Kreativität nehmen zu, da der Mensch das Werkzeug auf eine Weise steuert, die in traditionellen künstlerischen Praktiken nicht möglich wäre. In dieser Partnerschaft entstehen die innovativsten und experimentellsten Formen der Kunst.

Die Diskussion um Urheberschaft und Originalität ist im Bereich der KI-Kunst komplex. Wenn eine Maschine ein

Gemälde produziert, stellt sich die Frage nach dem Eigentum. Wer besitzt die Rechte an einem KI-generierten Gemälde oder Musikstück? Die Antworten auf diese Fragen entwickeln sich weiter, da der Begriff der Urheberschaft selbst neu definiert wird. Klar bleibt, dass menschliches Engagement nicht nur für den kreativen Prozess, sondern auch für die damit verbundenen rechtlichen und ethischen Fragen unerlässlich ist. Der Künstler bleibt durch seine Interaktion mit der KI ein wichtiger Akteur bei der Bestimmung des kreativen, künstlerischen und kulturellen Werts des Werks.

Obwohl KI ästhetisch ansprechende Ergebnisse hervorbringen kann, fehlt ihren Kreationen oft die Tiefe und der Subtext, die menschliche Erfahrung ausmachen. Ein menschlicher Künstler kann beispielsweise seine Bilder mit persönlichen Erzählungen, sozialen Kommentaren oder philosophischen Überlegungen versehen. Diese Ebenen sind es, die beim Publikum Anklang finden und ihm eine Reflexion seiner eigenen Geschichten oder eine Untermauerung seiner Ansichten bieten. KI hingegen nutzt durch ihre Analyse Daten und Algorithmen, denen das gelebte Wissen der Welt, das den menschlichen Ausdruck prägt, fehlt.

Auch die Rolle der menschlichen Interpretation kann nicht genug betont werden. Sobald ein KI-generiertes Kunstwerk entsteht, müssen Menschen es kontextualisieren, interpretieren und ihm Bedeutung zuordnen. Maschinen verleihen ihrer Arbeit weder Logik noch Emotionen. Daher sind es Menschen, die den Rahmen schaffen, in dem KI-Kreationen verstanden, diskutiert und geschätzt werden. Diese Interpretationen basieren häufig auf der persönlichen Vision des Künstlers oder dem kulturellen Kontext, in dem das Gemälde betrachtet wird – Bereiche, in denen KI kein Vertrauen aufbaut.

In manchen Fällen könnte KI-Kunst auch unser Wissen darüber, was sie erschaffen soll, auf die Probe stellen. Mit jeder Weiterentwicklung der KI verschwimmen die Grenzen zwischen menschlicher und maschineller Kreativität, was eine Neubewertung herkömmlicher Vorstellungen von Originalität, Kreativität und Urheberschaft erzwingt. Zwar generiert das Gerät Inhalte, doch ist es der Mensch, der deren Ausgabe lenkt und ihnen Richtung, Bedeutung und Absicht verleiht. So kann KI eher als Begleiter der Entwicklung denn als Chance für menschlichen Einfallsreichtum wahrgenommen werden.

Während sich die Landschaft der KI-Kunst weiter entwickelt, bleibt die Rolle des menschlichen Künstlers von entscheidender Bedeutung. Das Zusammenspiel von menschlichem Instinkt und maschineller Intelligenz wird wahrscheinlich die Zukunft der Kunst prägen, da beide gemeinsam daran arbeiten, kreatives Neuland zu entdecken. Die Zukunft der Kunst wird nicht darin bestehen, dass Menschen mit Maschinen konkurrieren, sondern dass beide koexistieren und zusammenarbeiten und so die innovativen Möglichkeiten für zukünftige Generationen erweitern.

Der menschliche Faktor in KI-Kunstwerken beschränkt sich nicht nur auf die klassischen schöpferischen Fähigkeiten, sondern auch auf die Gestaltung des ethischen, philosophischen und kulturellen Kontexts des Kunstwerks. Künstler stehen seit langem an vorderster Front, wenn es darum geht, den Status Quo herauszufordern, und mit KI als modernem Werkzeug in ihrem Arsenal sind sie besser denn je in der Lage, das Potenzial der Zusammenarbeit zwischen Mensch und Maschine zu entdecken. Durch diese Zusammenarbeit werden die Grenzen der Kreativität nicht unbedingt erweitert – sie können neu definiert werden.

5.2. KI und die traditionelle Kunstwelt

Die Schnittstelle zwischen künstlicher Intelligenz und traditioneller Kunst hat eine komplexe und vielschichtige Diskussion über die Zukunft des künstlerischen Ausdrucks ausgelöst. Während KI im Bereich der Kreativität weiterhin große Fortschritte macht, wird ihr Einfluss auf die traditionelle Kunst – darunter klassische Malerei, Bildhauerei, Musik und Literatur – immer deutlicher. KI mag zwar als Eindringling oder gar Störfaktor wahrgenommen werden, ist aber auch ein Werkzeug, das in der traditionellen Kunstwelt angenommen, einbezogen und hinterfragt wird.

Die traditionelle Kunst weltweit wird traditionell durch menschliches Können, handwerkliches Können und die individuelle Vision des Künstlers geprägt. Gemälde, von der Renaissance bis zur klassischen Skulptur, werden nicht nur wegen ihrer ästhetischen Schönheit, sondern auch wegen ihrer emotionalen, kulturellen und historischen Bedeutung geschätzt. Diese Werke spiegeln oft die persönliche Perspektive des Künstlers wider, inspiriert von seinen Geschichten, seiner Umgebung und seinen intellektuellen Interessen. Diese tiefe Verbindung zwischen Künstler und Werk verleiht der traditionellen Kunst ihre Kraft, über Generationen hinweg nachzuhallen.

Der Einzug von KI in die Kunstwelt wirft weltweit wichtige Fragen zum Wesen von Kreativität und zur Rolle des Künstlers auf. Traditionelle Kunst wurzelt in menschlicher Erfahrung – Emotionen, Intuition und Unvollkommenheit – Eigenschaften, die KI trotz ihrer Rechenleistung nicht nachbilden kann. KI verfügt nicht über persönliche Erinnerungen, Gefühle oder die Fähigkeit zur subjektiven Wahrnehmung, die das menschliche moderne Gerät prägen. Maschinen hingegen schaffen Kunstwerke, die überwiegend auf Stilen und Statistiken basieren. Dies stellt ein Paradox dar: Wie kann etwas, das mithilfe eines Systems geschaffen wurde, im traditionellen Sinne als „Kunst" gelten, wenn ihm die menschlichen Eigenschaften fehlen, die für den kreativen Ausdruck wertvoll sein können?

Trotz dieser Fragen wird KI zunehmend als Werkzeug zur Erweiterung, nicht zur Aktualisierung menschlicher Kreativität, anerkannt. Viele moderne Künstler integrieren KI in ihre kreativen Prozesse und betrachten sie als neues Medium statt als Bedrohung. Traditionelle künstlerische Strategien, darunter Malerei, Bildhauerei und Fotografie, werden durch die Fähigkeiten der KI noch weiter verfeinert. Beispielsweise können KI-Algorithmen verwendet werden, um neue Farbpaletten zu generieren, Musik zu komponieren oder sogar realistische Landschaften zu gestalten. Anstatt den Künstler aus dem Prozess zu nehmen, bietet diese Generation neue Strategien, um traditionelle kreative Ideen zu entdecken und sie in unbekannte Gebiete zu führen.

In der bildenden Kunst ist das Potenzial von KI möglicherweise am stärksten ausgeprägt. Algorithmen wie Generative Adversarial Networks (GANs) ermöglichen die Entwicklung neuer Bildwelten durch Lernen aus umfangreichen Datensätzen aktueller künstlerischer Arbeiten. Dieses System ermöglicht es KI, Kunstwerke, Zeichnungen und digitale Fotografien zu erstellen, die den Stil klassischer Künstler nachahmen oder völlig neue visuelle Formen schaffen können. Künstler wie Refik Anadol und Mario Klingemann nutzen KI als Ergänzung ihrer innovativen Arbeit, um komplexe Stile zu entdecken und dynamische visuelle Studien zu erstellen, die auf herkömmliche Weise möglicherweise nicht möglich wären. Diese Zusammenarbeit zwischen Künstler und System schafft Werke, die an der Schnittstelle zwischen traditioneller Kunst und moderner Technologie angesiedelt sind.

Während KI-generierte Kunstwerke Debatten über Urheberschaft und Authentizität ausgelöst haben, führten sie auch zu einem Umdenken in der Rolle des Künstlers. In der traditionellen Kunstwelt wird der Künstler oft als einzigartiges, innovatives Genie wahrgenommen, das seine eigene Vision zum Leben erweckt. Doch während er mit KI wandelt, übernimmt der Künstler eine eher kollaborative Rolle und leitet das System bei der Entstehung eines Werks. Diese veränderte Rolle des Künstlers wirft Fragen nach dem Stellenwert menschlicher Intuition im kreativen Prozess auf. Verliert ein Kunstwerk seine „Menschlichkeit", wenn es mithilfe einer KI geschaffen wird? Oder kann die Präsenz menschlichen Fokus und die Kontrolle über die Produktion KI-generierten Kunstwerken die gleiche kulturelle und emotionale Intensität verleihen wie traditionellen Werken?

Einer der faszinierendsten Aspekte der Integration von KI in die traditionelle Kunstwelt ist die Art und Weise, wie sie uns zwingt, den Charakter des Kunstwerks selbst zu überdenken. Traditionell wurde ein Kunstwerk als ein fertiges Produkt betrachtet – als etwas, das betrachtet, gewürdigt und kritisiert wird. Mit KI hingegen wird der Prozess selbst ebenso wichtig wie das fertige Werk. Die Fähigkeit des Werkzeugs, zu iterieren, anzupassen und zu forschen, lässt erkennen, dass sich Kunstwerke in einem Zustand ständiger Entwicklung befinden. KI-generierte Kunstwerke existieren heute oft nicht mehr als einzelnes, statisches Objekt, sondern als ein fortlaufender, dynamischer Prozess, der sich ständig anpasst und verändert. Dies wirft neue Fragen zum Wesen von Besitz und dem Konzept der Vollendung in der Kunst auf. Kann ein mithilfe von KI geschaffenes Werk jemals wirklich vollendet sein oder ist es ständig im Wandel, ein lebendiges Wesen, das jenseits traditioneller Grenzen existiert?

Trotz der Herausforderungen, die KI für traditionelle Kunstkonzepte mit sich bringt, bietet sie auch Möglichkeiten zur Neuerfindung. Der Einsatz von KI in der traditionellen Kunst weltweit fördert neue Ausdrucksformen, die die Grenzen zwischen den Medien aufheben. KI ermöglicht Künstlern, mit neuen Materialien, interaktiven Installationen und Performances zu experimentieren, die die Grenzen traditioneller Kunstdokumente erweitern. Das Potenzial von KI, bestehende Gemälde zu untersuchen, zu steuern und neu zu kombinieren, bietet Künstlern ein effektives Instrument zur Schaffung innovativer und konzeptionell herausfordernder Werke. KI-generierte Kunstwerke können komplexe gesellschaftliche Probleme ansprechen, neue Ästhetiken erschließen und das Publikum auf eine Weise ansprechen, die konventionellen Medien nicht möglich ist.

Die Akzeptanz von KI in der traditionellen Kunstwelt verlief jedoch nicht ohne Widerstand. Manche Puristen sehen KI als Gefahr für die Authentizität und emotionale Intensität von Kunstwerken. Sie argumentieren, dass maschinell geschaffene Kunstwerke die Seele und die menschliche Note vermissen lassen, die wahre Meisterwerke ausmachen. Sie befürchten, dass KI die Kunst ihrer kulturellen Relevanz beraubt und sie auf eine Kette von Algorithmen und mathematischen Gleichungen reduziert. Dieser Widerstand wurzelt nicht nur in ästhetischen Fragen, sondern auch in der tieferen Frage, was Gemälde repräsentieren. Für viele ist Kunst eine zutiefst menschliche Aufgabe, ein Spiegelbild der Individualität, des Kampfes und der Weltsicht des Künstlers.

Die Debatte über KI in der traditionellen Kunst weltweit dreht sich nicht nur um die Generation selbst, sondern auch um die sich verändernde Rolle von Künstlern in einer sich rasant entwickelnden Welt. Da Maschinen zunehmend Kunstwerke schaffen, müssen sich menschliche Künstler fragen, wie sie ihre Arbeit und ihre Ziele definieren. Für manche kann KI auch ein effektiver Partner sein und neue Wege der Kreativität und kreativen Erkundung eröffnen. Für andere könnte sie eine Erinnerung an den unersetzlichen Wert menschlicher Intuition und Erfahrung im progressiven System sein. So oder so zwingt KI die traditionelle Kunstwelt, sich neuen Möglichkeiten, Herausforderungen und Chancen zu stellen.

Die Zukunft der KI in der traditionellen Kunst ist weiterhin offen und wird möglicherweise weiterhin Debatten über den Charakter von Kreativität, Urheberschaft und Authentizität auslösen. Klar ist jedoch, dass KI kein Ersatz für menschliche Kreativität ist, sondern vielmehr ein Katalysator für die heutigen Formen des kreativen Ausdrucks. Da die Grenzen zwischen traditioneller und technologischer Kunst verschwimmen, wird die Position des Künstlers neu definiert und die Möglichkeiten der Kunst erweitern sich. In dieser neuen Landschaft kann jeder Mensch und jedes Werkzeug einen Platz in der Kunstschaffung einnehmen und die kulturellen und ästhetischen Grenzen der Kunstwelt verschönern, gestalten und neu definieren.

5.3. Mensch und Maschine: Kreative Zusammenarbeit

Die Beziehung zwischen Mensch und Maschine hat sich stark weiterentwickelt, insbesondere im Bereich des kreativen Ausdrucks. Historisch gesehen wurden Maschinen für praktische Aufgaben konzipiert und übernahmen regelmäßig wiederkehrende Aufgaben, die einst von Menschen erledigt wurden. Mit dem Aufkommen künstlicher Intelligenz und maschinellem Lernen hat sich die Funktionalität von Maschinen jedoch weit über das Mechanische hinaus und in den Bereich der Kreativität erweitert. Dieser Wandel wirft drängende Fragen zur Rolle der Zusammenarbeit zwischen Mensch und Maschine bei kreativen Unternehmungen auf und verwischt die Grenzen zwischen traditioneller menschlicher Kreativität und der Rechenleistung von Maschinen.

Die kreative Zusammenarbeit zwischen Mensch und Maschine ist keine Idee, die an einem einzigen Tag geboren wurde, sondern vielmehr das Ergebnis langsamer technologischer Entwicklungen. In den letzten Jahren hat sich KI von einem Werkzeug zur Automatisierung von Aufgaben zu einem Partner im Innovationssystem entwickelt. Dank fortschrittlicher Algorithmen, neuronaler Netzwerke und generativer Modelle können Maschinen heute nicht nur Daten analysieren, sondern auch neue Ideen, Stile und Ausdrucksformen mit kreativem Nutzen generieren. Diese neue Dynamik ermöglicht es Künstlern, auf einst unvorstellbare Weise mit Maschinen zu interagieren und eröffnet neue Möglichkeiten für die Entwicklung.

Einer der faszinierendsten Aspekte der Mensch-Maschine-Zusammenarbeit im kreativen Bereich ist das Potenzial der KI, menschliche Künstler aus ihrer Komfortzone zu drängen. Künstler waren schon immer durch ihre eigenen Erfahrungen, Vorurteile und Fähigkeiten eingeschränkt. Diese Barrieren können zwar regelmäßig bahnbrechende Durchbrüche ermöglichen, aber auch den Spielraum des Machbaren einschränken. KI ist sich solcher Einschränkungen jedoch nicht immer sicher. Durch die Analyse großer

Datenmengen und das Aufdecken von Mustern, die das menschliche Auge möglicherweise übersieht, kann KI neue Sichtweisen und Verfahren einführen, die dem Künstler niemals in den Sinn gekommen wären. Sie kann Ideen generieren, die traditionelle Fragen in Frage stellen und Künstler ermutigen, Neuland zu betreten.

In der bildenden Kunst beispielsweise können KI-Algorithmen komplexe Muster, Kompositionen und ganze Kunstwerke generieren, die sowohl neuartig als auch ästhetisch faszinierend sind. Die Zusammenarbeit zwischen menschlichen Künstlern und KI zeigt sich in den Werken von Künstlern wie Harold Cohen, der mit seiner Software AARON abstrakte Kunstwerke schuf, und Refik Anadol, der KI für dynamische, datenbasierte Installationen in der bildenden Kunst einsetzt. Bei diesen Kollaborationen überwacht der Künstler nicht direkt die Arbeit der Maschine, sondern kommuniziert aktiv mit der Technologie. Das Gerät zeigt Möglichkeiten auf, und der Künstler verfeinert, optimiert oder erweitert diese. Dieser Wechsel zwischen menschlichem Instinkt und maschinellem Allgemeinwissen schafft einen Raum, in dem Kreativität und Technologie koexistieren und sich gegenseitig ergänzen.

Die Zusammenarbeit zwischen Mensch und Maschine hat sich weiter transformiert. KI-Systeme können vorhandene Lieder analysieren, Kompositionsstile erlernen und anschließend authentische Kompositionen in verschiedenen

Stilen generieren. Künstler wie Taryn Southern haben die KI-gestützte Songproduktion erforscht, bei der der menschliche Künstler Texte schreibt und Gesangsdarbietungen liefert, während das Gerät Melodien und Instrumentierung generiert. Diese innovative Synergie ermöglicht es Musikern, mit Klängen und Stilen jenseits ihrer natürlichen Grenzen zu experimentieren. Das Ergebnis sind Kompositionen, die menschliche Emotionen mit der Rechenleistung von KI verbinden. Die Verbindung von menschlicher Emotion und maschineller Leistungsfähigkeit führt zu authentischem Song, der gleichzeitig die Grenzen von Genre und Form überschreitet.

Auch in der Literatur hat die Zusammenarbeit zwischen Mensch und Maschine zugenommen. KI-generiertes Schreiben hat sich als Werkzeug für Autoren etabliert, um Schreibblockaden zu überwinden oder neue erzählerische Möglichkeiten zu entdecken. Programme wie GPT-3 sind in der Lage, basierend auf Kundeneingaben kohärente und oft konzeptionell anspruchsvolle Texte zu erstellen. Doch auch wenn das System Sätze und Absätze produzieren kann, ist es der menschliche Autor, der dem Text Bedeutung, Kontext und Ziel verleiht. Der innovative Ansatz in dieser Position spiegelt den anderer Kunstbürokratien wider: Das System liefert Rohmaterial, während der menschliche Künstler es zu etwas einzigartig Persönlichem und Tiefgreifendem formt. Autoren nutzen KI als kollaborativen Partner – nicht als Chance für ihre eigenen kreativen Fähigkeiten, sondern als Werkzeug, das ihre Reichweite erweitert und ihre Arbeit verbessert.

Diese Partnerschaft zwischen Mensch und Maschine geht über bloße technische Zusammenarbeit hinaus; sie stellt einen philosophischen Wandel in unserem Verständnis von Kreativität dar. Traditionell wird Kreativität als eine ausschließlich menschliche Eigenschaft angesehen, die aus Erkennen, Emotionen und Instinkt entsteht. Da Maschinen jedoch immer besser in der Lage sind, revolutionäre Werke zu schaffen, wird dieser Glaube in Frage gestellt. Das Konzept des „kreativen Eigentums" verändert sich, da Werke durch die Kombination menschlicher Motive und maschineller Algorithmen entstehen. Es stellt sich die Frage: Wem gehören die Bilder, dem Künstler oder dem System? Und kann ein Gerät, unabhängig von seiner Innovationsfähigkeit, tatsächlich Kreativität im gleichen Sinne besitzen wie Menschen?

Ein wesentlicher Bestandteil der modernen Zusammenarbeit zwischen Mensch und Werkzeug ist das Konzept der Erweiterung statt des Ersatzes. Maschinen ersetzen den Künstler nicht; vielmehr erweitern sie seine Kompetenzen und präsentieren neue Werkzeuge und Strategien zur Erforschung der Kreativität. Dies kann zu neuen kreativen Genres und Bewegungen führen, da Künstler die Möglichkeit erhalten, die Grenzen ihres Handwerks zu erweitern. Beispielsweise kann die Fähigkeit der KI, große

Datenmengen zu analysieren und Stile zu erkennen, neue Formen der Kunst fördern, darunter informationsgetriebene Kunst, generative Kunst und algorithmische Poesie. Diese neuen Dokumente stellen herkömmliche Vorstellungen von „Kunst" in Frage und erweitern die Möglichkeiten für innovativen Ausdruck.

Diese kreative Zusammenarbeit ist jedoch nicht ohne traumatische Umstände. Da Maschinen immer stärker in den Entwicklungsprozess eingebunden werden, stellen sich Fragen zur Ethik KI-generierter Kunstwerke. Wer haftet für die durch den Einsatz von KI erzeugten Ergebnisse? Wie können wir dem Risiko begegnen, dass KI bestehende Kunstwerke dupliziert und unbeabsichtigt geistige Eigentumsrechte verletzt? Dies sind dringende Fragen, die angegangen werden müssen, da KI in den Innovationsbranchen eine immer größere Rolle spielt. Darüber hinaus stellt sich die Frage, wie die Authentizität von Kunstwerken in einem Zeitalter bewahrt werden kann, in dem Maschinen menschliche Schöpfungen in großem Maßstab replizieren, remixen und neu interpretieren können.

Die Zukunft der kreativen Zusammenarbeit zwischen Mensch und Maschine bietet grenzenlose Möglichkeiten. Mit der fortschreitenden Weiterentwicklung der KI werden wir wahrscheinlich noch engere Partnerschaften zwischen Mensch und Maschine in innovativen Bereichen erleben. Künstler werden KI zunehmend als Ausdrucksmittel nutzen, ihre

Kreativität erweitern und neue Formen der Kunst entdecken, die die Definition von Kunst grundlegend verändern. Maschinen werden nicht mehr nur als Werkzeug, sondern als Kollaborateure betrachtet, die der kreativen Arbeit neue Dimensionen verleihen. Im Gegenzug wird sich die Rolle des Künstlers weiterentwickeln, da Mensch und Maschine gemeinsam neue kreative Wege beschreiten.

In dieser Zukunft der Zusammenarbeit wird Kreativität nicht länger die alleinige Domäne menschlicher Erfahrung sein. Vielmehr wird sie zu einem offenen Raum, in dem menschliche Kreativität und Systemintelligenz verschmelzen, um Werke zu schaffen, die mehr sein können als die Summe ihrer Elemente. Mit der Entwicklung dieser Partnerschaft werden wir Kreativität auf neue Weise begreifen und das Konzept annehmen, dass sie nicht nur aus menschlicher Kraft entsteht, sondern ein gemeinsames Unterfangen von Mensch und Maschine ist.

5.4. Die veränderte Rolle des Künstlers im Zeitalter der KI

Die rasante Entwicklung künstlicher Intelligenz hat die Innovationslandschaft tiefgreifend verändert und die Rolle des Künstlers grundlegend verändert. Traditionell gelten Künstler als alleinige Urheber kreativer Visionen und sind seit langem die Schöpfer, die rohe Gedanken in ausdrucksstarke Werke verwandeln, die menschliches Erleben, Emotionen und kulturelle Werte widerspiegeln. Da KI jedoch zunehmend in der Lage ist, Kunstwerke unabhängig oder in Zusammenarbeit mit Menschen zu schaffen, entwickelt sich die Rolle des Künstlers zu einer vielschichtigen Rolle, die Kreativität, Kuratierung und technologische Kompetenz vereint.

Eine der wichtigsten Veränderungen besteht darin, dass Künstler nun mit KI-Systemen zusammenarbeiten und nicht mehr alleinige Schöpfer sind. Anstatt jedes Element manuell zu gestalten, steuern Künstler nun regelmäßig KI-Algorithmen und steuern deren Ergebnisse durch sorgfältig ausgearbeitete Aktivierungen, Parametereinstellungen und iterative Anmerkungen. Diese Zusammenarbeit ermöglicht es dem Künstler, neue kreative Wege zu erkunden, neuartige Stile auszuprobieren und komplexe Kompositionen in bisher unerreichbarer Geschwindigkeit zu erstellen. Die Rolle des Künstlers verlagert sich stärker auf die Kuratierung, Verfeinerung und Kontextualisierung von KI-generiertem Inhalt und verbindet so die Kreativität der Geräte mit menschlicher Sensibilität.

Dieser Wandel erfordert von Künstlern zudem die Entwicklung neuer technischer Kompetenzen. Das Verständnis maschinellen Lernens, der Informationsverzerrungen und der Funktionsweise generativer Modelle wird entscheidend. Künstler lernen, aktiv mit KI zu kommunizieren und so Ergebnisse zu erzielen, die ihrer Vision entsprechen. Diese

Verbindung von künstlerischer Intuition und Computertechnologie läutet eine neue Generation digitaler Handwerkskunst ein, die kreatives Verständnis neu definiert.

Die Demokratisierung der Kunst durch KI ermöglicht es einer breiten Öffentlichkeit, auch ohne formale Ausbildung überzeugende künstlerische Leistungen zu erbringen. Diese Demokratisierung erweitert zwar die kreative Teilhabe, drängt aber auch erfahrene Künstler dazu, Qualitäten jenseits der technischen Ausführung – wie konzeptionelle Intensität, emotionale Resonanz und Kulturkritik – zu betonen, in denen einzigartige menschliche Einsichten weiterhin von entscheidender Bedeutung sind. Künstler positionieren sich zunehmend als Interpreten und Vermittler von KI-generierten Inhalten und legen dabei Wert auf Erzählung und Bedeutung statt auf die bloße Produktion.

Darüber hinaus fordert KI Künstler dazu auf, traditionelle Vorstellungen von Autorschaft und Originalität zu überdenken. Wenn ein Werk gemeinsam mit einem Algorithmus erstellt wird, stellen sich Fragen darüber, wer das kreative Eigentum besitzt und wie die Urheberschaft zugeschrieben werden kann. Manche Künstler verkörpern diese Ambivalenz, indem sie KI als Medium nutzen, um die Urheberschaft selbst in Frage zu stellen und die Grenzen zwischen menschlicher und maschineller Handlungsfähigkeit zu erkunden.

Im Bereich der Performance- und Erlebniskunst ermöglicht KI Künstlern die Gestaltung interaktiver Umgebungen, die dynamisch auf Publikumseingaben, biometrische Daten oder Umgebungssignale reagieren. Der Künstler wird hier zum Designer von Systemen und Berichten und nicht zum alleinigen Darsteller oder Autor, der komplexe Interaktionen zwischen menschlichen Teilnehmern und intelligenten Maschinen orchestriert.

Aus ethischer Sicht müssen Künstler auch Probleme im Zusammenhang mit Informationsverzerrung, kultureller Sensibilität und Transparenz in KI-generierten Kunstwerken berücksichtigen. Die Verantwortung für den umsichtigen und respektvollen Einsatz von KI-Tools liegt zunehmend beim Künstler, der als Hüter der jeweiligen Technologie und Kultur fungiert.

Wirtschaftlich gesehen bringt der Aufstieg KI-generierter Kunstwerke neue Herausforderungen und Möglichkeiten mit sich. Künstler müssen sich mit der sich verändernden Marktdynamik auseinandersetzen, die die Bewertung KI-gestützter Werke und den Wettbewerb mit vollständig KI-produzierter Kunst umfasst. Gleichzeitig kann KI-Ausrüstung die kreativen Fähigkeiten eines Künstlers steigern und neue Einnahmequellen und Ausdrucksmöglichkeiten eröffnen.

Im Schulwesen werden die Lehrpläne angepasst, um zukünftige Künstler mit interdisziplinären Fähigkeiten auszustatten, die traditionelle Kunstpraktiken mit KI-

Kompetenz, Programmierkenntnissen und Statistikethik verbinden. Diese ganzheitliche Methode bereitet Künstler darauf vor, in einer KI-gestützten, innovativen Atmosphäre erfolgreich zu sein.

Die sich wandelnde Rolle des Künstlers im Zeitalter der künstlichen Intelligenz ist nicht unbedingt ein Rückgang, sondern vielmehr ein Wachstum. Künstler entwickeln sich zu hybriden Schöpfern, die menschliche Vorstellungskraft mit algorithmischer Energie verbinden, um unerforschtes kreatives Terrain zu erkunden. Diese neue Funktion fordert uns heraus, unser Künstlerdasein neu zu überdenken und würdigt die Verschmelzung von Technologie und Kreativität als Quelle tiefgreifender kultureller Innovation.

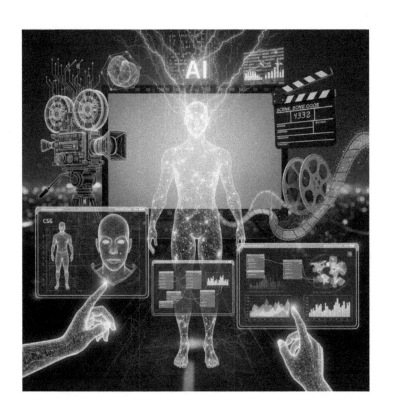

KAPITEL 6

KI und die Filmindustrie

6.1. Kino mit Künstlicher Intelligenz

Das Kino wird seit langem durch den Einfluss der Technologie geprägt. Visuelles Storytelling, Ton, Licht, Schnitt und Drehbuch sind die entscheidenden Bestandteile des Filmemachens, und der technologische Fortschritt hat diese Elemente stetig verändert. In den letzten Jahren hat künstliche Intelligenz (KI) begonnen, die Produktions- und Erzählstrategien sowie die Zuschauerzahlen im Kino neu zu definieren. Der Einfluss der KI auf das Kino umfasst sowohl Veränderungen innovativer Strategien als auch Veränderungen in der Filmproduktion.

Der Einfluss von KI auf die Filmproduktion hat sich in Bezug auf die Produktionsleistung deutlich verbessert. Mit dem Fortschritt der KI-Technologie sind viele Phasen der Filmproduktion, vom Drehbuchschreiben über die Bildbearbeitung bis hin zu Spezialeffekten, schneller und effizienter geworden. KI-Software kann beispielsweise die Leistungsfähigkeit eines Drehbuchs analysieren, individuelle Entwicklungen beobachten und den Verlauf der Handlung simulieren. Dies ermöglicht Drehbuchautoren und Produzenten, strategischere Entscheidungen zu treffen. Auch im Bereich der visuellen Effekte hat KI die Branche revolutioniert. Durch den Einsatz von KI können realistischere und zielgerichtetere visuelle Effekte in kürzerer Zeit produziert werden. Technologien wie CGI (Computer-Generated Imagery) und VFX (Visual Effects) profitieren von KI und ermöglichen besonders komplexe und realistische Szenen.

Eine der revolutionären Schnittstellen zwischen KI und Kino ist individuelles Layout und Animation. KI kann emotionale Ausdrücke und Sprache überzeugender simulieren. Der Einsatz dieser Technologien bietet zusätzliche Freiheit und Kreativität, insbesondere bei lebendigen Filmen und computergenerierten Werken. Beispielsweise können KI-basierte Algorithmen dynamisch Gesichtsausdrücke, Stimmlagen und Bewegungen basierend auf den emotionalen Zuständen einer Person erzeugen und so ein intensiveres und interaktiveres Erlebnis für die Zielgruppe schaffen.

Ein weiterer wichtiger Einfluss von KI auf das Kino ist die Personalisierung des Kinoerlebnisses. KI kann die bisherigen Filmvorlieben eines Zuschauers analysieren und basierend auf seinem persönlichen Geschmack Empfehlungen geben. Dies verändert das Filmkonsumverhalten und liefert Filmemachern wertvolle Informationen, um ihre Zielgruppe besser anzusprechen. Darüber hinaus verbessert KI Marketingstrategien in der Filmbranche. Beispielsweise kann KI Werbekampagnen optimieren, indem sie die besten Zeitpunkte für die Veröffentlichung von Werbung in sozialen Medien wählt, um maximales Engagement zu erzielen.

Künstliche Intelligenz hat über den kreativen Prozess hinaus einen weitreichenden Einfluss auf die Transformation innovativer Arbeitsabläufe in der Filmindustrie. Auch Filmmusiken sind durch KI-generierte, einzigartige Kompositionen bereichert worden. KI kann die melodische Form, den Rhythmus und die Harmonien von Musikstücken analysieren und Produzenten dabei unterstützen, die perfekte Atmosphäre für einen Film zu schaffen. Darüber hinaus geht die Rolle von KI in der Filmindustrie über innovative Strategien hinaus und spielt auch eine Schlüsselrolle bei der Produktionsplanung und Budgetierung. KI - Software kann Tipps für die Organisation von Dreharbeiten, die Anpassung der Beleuchtung und die Einhaltung von Produktionszeitplänen geben und Filmemachern so wertvolle Zeit sparen.

Über das Filmemachen hinaus ermöglicht künstliche Intelligenz auch die Entstehung neuer Genres und Erzählformate. Dank KI sind interaktive Experimente im Kino deutlich besser geworden, da Zuschauer nicht mehr nur passive Zuschauer sind, sondern aktiv am Geschichtenerzählen teilnehmen können. Technologien wie VR (Virtual Reality) und AR (Augmented Reality), kombiniert mit KI, ermöglichen ein tieferes Eintauchen in die Filmwelt und geben Besuchern die Möglichkeit, den Verlauf der Handlung zu beeinflussen. Solche interaktiven Filme ermöglichen es den Zuschauern, Entscheidungen zu treffen, die den Verlauf des Films beeinflussen, und machen jede Vorführung zu einem einzigartigen Erlebnis.

Die Verbindung zwischen KI und Kino steckt noch in den Kinderschuhen, und es bedarf noch viel Potenzial. Es wird erwartet, dass KI in Zukunft eine noch größere Rolle im Kino spielen wird. Insbesondere muss KI neue narrative Strukturen schaffen, die Filmemacher noch nicht kennen. Dies könnte zu bahnbrechenden Veränderungen in den kreativen und industriellen Aspekten der Branche führen.

Letztendlich ist die Verbindung zwischen künstlicher Intelligenz und Kino nicht nur ein technologischer Fortschritt, sondern verändert auch das Wesen des kreativen Schaffens. Die Entwicklung des Kinos, gepaart mit den neuen Werkzeugen und Möglichkeiten, die der Einsatz von KI bietet, wird innovativer, interaktiver und zielgruppenorientierter. Die Verschmelzung von KI und Kino birgt das Potenzial, neue Erinnerungen und filmische Erfahrungen zu schaffen, die durch die Verbindung von Kunst und Technologie bisher nicht möglich waren.

6.2. Der Einfluss von KI auf die Filmproduktion

Künstliche Intelligenz (KI) hat in verschiedenen Branchen tiefgreifende Auswirkungen, und die Filmbranche bildet da keine Ausnahme. Von der frühen Produktionsphase bis zur Veröffentlichung verändert KI-Technologie die

Filmproduktion und macht die Filmproduktion umweltfreundlicher, kostengünstiger und innovativer. Die Rolle von KI in der Filmproduktion entwickelt sich rasant weiter und bietet Filmemachern effektive Tools, die die Kreativität fördern und die Produktionsabläufe optimieren.

Der Weg zum Filmemachen beginnt mit der Vorproduktion. Dazu gehören die Entwicklung von Ideen, das Schreiben von Drehbüchern, die Planung von Storyboards und die Terminplanung. Traditionell waren diese Prozesse stark von der Kreativität und dem Wissen menschlicher Autoren, Regisseure und Produzenten abhängig. KI wird in diesem Bereich jedoch zunehmend eingesetzt, um Aufgaben zu unterstützen und zu beschleunigen, die einst manuell und zeitaufwändig waren.

Einer der wichtigsten Wege, wie KI die Vorproduktion beeinflusst, ist das Drehbuchschreiben. KI-basierte Software kann große Textmengen analysieren und basierend auf präzisen Parametern authentische Inhalte erstellen. Beispielsweise können KI-Tools wie GPT-3 von OpenAI oder ähnliche Modelle narrative Ideen, Dialoge und Handlungsstrukturen generieren und Drehbuchautoren so neue Ideen vermitteln oder ihnen helfen, Schreibblockaden zu überwinden. KI-Systeme können sogar darauf trainiert werden, den Schreibstil bestimmter Autoren zu imitieren, sodass Filmemacher

Drehbücher mit der Stimme ihrer Wunschautoren oder historischer Figuren erstellen können.

Darüber hinaus kann KI bei der Verfeinerung und Optimierung von Drehbüchern helfen, indem sie Zielgruppenreaktionen vorhersagt oder Handlungsmuster erkennt. Beispielsweise können prädiktive Algorithmen die Anwendbarkeit eines Drehbuchs anhand von Faktoren wie emotionalem Engagement, Tempo und der Entwicklung wichtiger Themen beurteilen. KI kann außerdem Verbesserungen oder Änderungen vorschlagen, um sicherzustellen, dass das Drehbuch ein breiteres Publikum anspricht und gleichzeitig die Vision des Autors bewahrt.

Sobald ein Drehbuch fertiggestellt ist, beginnt der nächste Abschnitt der Filmproduktion: die eigentlichen Dreharbeiten. Diese Phase umfasst verschiedene Aspekte, darunter Kamera-Setup, Beleuchtung, Kurs und Performance. KI verbessert die Leistung dieser Prozesse erheblich und ermöglicht es Filmemachern, mit weniger Ressourcen besonders dynamische und ansprechende Szenen zu erstellen.

Einer der wichtigsten Einflussfaktoren von KI auf die Produktion ist die Automatisierung von Kameraführung und Licht. KI-gestützte Kameras und Drohnen können beispielsweise die Bewegungen von Schauspielern autonom synchronisieren, die Erkennung anpassen und komplexe Bilder aufnehmen, die für ein menschliches Team sonst schwierig oder zeitaufwändig wären. Diese Automatisierung ermöglicht dynamischere und flexiblere Bilder, insbesondere in rasanten Bewegungsszenen oder komplexen Sequenzen, bei denen präzises Timing entscheidend ist.

KI verbessert die Qualität der Kinematographie durch realistische Lichtstrukturen. Mithilfe von KI können Lichtverhältnisse in Echtzeit beurteilt und Platzierung und Intensität der Lichter entsprechend angepasst werden. Diese Automatisierung reduziert den Bedarf an manuellen Eingriffen und garantiert eine optimale visuelle Qualität jeder Aufnahme. KI-basierte Systeme können Szenen zudem auf Lichtkonsistenz und -kontinuität prüfen und so sicherstellen, dass die Beleuchtung über mehrere Aufnahmen hinweg konstant bleibt.

Darüber hinaus verändert die KI-gestützte Technologie für visuelle Effekte (VFX) die Art und Weise, wie Szenen erstellt werden. In Action- oder Science-Fiction-Filmen erforderte die Entwicklung komplexer, hochwertiger VFX traditionell viel Zeit und Ressourcen. KI trägt dazu bei, die Produktionszeit zu verkürzen, indem sie die Entwicklung hochwertiger visueller Effekte, wie Hintergrundumgebungen oder animierte Elemente, automatisiert. Deep-Learning-Algorithmen werden zudem zur Verbesserung der Motion-Capture-Technologie eingesetzt, wodurch realistischere Animationen von Figuren und Objekten ermöglicht werden.

In der Postproduktion entsteht die Magie des Films. Dieser Abschnitt umfasst Aufgaben wie Schnitt, Sounddesign,

Farbkorrektur und visuelle Effekte (VFX). KI spielt in allen Bereichen der Postproduktion eine wichtige Rolle, insbesondere bei Schnitt und visuellen Effekten, indem sie wiederkehrende Aufgaben automatisiert und neue kreative Möglichkeiten eröffnet.

Beim Schnitt kann KI-gestützte Software stundenlange Aufnahmen automatisch organisieren und sortieren. Traditionell mussten Cutter jede Aufnahme ansehen, um die besten Bilder zu finden – ein Prozess, der Tage oder sogar Wochen dauern konnte. KI-Tools nutzen heute maschinelle Analysealgorithmen, um Bilder anhand von visuellen und akustischen Elementen, Gesichtern, Ausdrücken oder den in einer Szene vermittelten Emotionen zu analysieren und zu kategorisieren. KI kann auch Momente mit hoher emotionaler Tiefe oder wichtige Handlungsstränge erkennen und Cuttern so helfen, Schlüsselmomente für den endgültigen Schnitt schnell zu identifizieren.

KI verändert auch den Postproduktionsprozess durch die Automatisierung der Software für visuelle Effekte. Früher erforderte die Entwicklung realistischer Effekte wie Explosionen, fliegender Objekte oder Wettersimulationen einen hohen manuellen Aufwand durch VFX-Künstler. KI unterstützt nun die Automatisierung vieler dieser Aufgaben und ermöglicht so schnellere und effizientere Erstellung hervorragender Effekte. So können KI-Tools beispielsweise realistische Wasser-, Feuer- und Raucheffekte simulieren oder virtuelle Landschaften erstellen, die sich nahtlos in Live-Bilder einfügen.

Auch die Farbkorrektur, ein wichtiger Bestandteil der Postproduktion, wird durch KI verbessert. KI-gesteuerte Software kann Szenen analysieren und die Farbbalance automatisch an die gewünschte Ästhetik anpassen. Diese Technologie spart nicht nur Zeit, sondern gewährleistet auch Konsistenz zwischen einzelnen Aufnahmen und erleichtert so die Wahrung eines einheitlichen visuellen Stils im gesamten Film.

KI verändert nicht nur die kreativen Aspekte des Filmemachens, sondern revolutioniert auch die Art und Weise, wie Filme beworben und verbreitet werden. Mit der zunehmenden Digitalisierung der Filmbranche wird KI eingesetzt, um Studios dabei zu helfen, das richtige Publikum anzusprechen, die Filmperformance zu optimieren und Marketingkampagnen zu optimieren.

KI kann riesige Datensätze analysieren, um Trends im Zuschauerverhalten, in den Möglichkeiten und in der Demografie zu erkennen. Diese Informationen ermöglichen es Filmemachern und Verleihern, bestimmte Zielgruppen mit maßgeschneiderten Kleinanzeigen anzusprechen und so sicherzustellen, dass sich die Werbemaßnahmen auf diejenigen konzentrieren, die den Film am wahrscheinlichsten sehen und genießen. KI kann den Erfolg eines Films auch anhand früherer Reaktionen der Zielgruppe, Social-Media-Aufsehen und früherer Erfolgsstatistiken vorhersehen, sodass Studios ihre Werbestrategien entsprechend anpassen können.

Darüber hinaus spielt KI eine wichtige Rolle im Filmvertrieb, da sie die besten Startzeiten vorhersagt. KI kann Daten aus früheren Filmstarts analysieren, um die besten Startzeitfenster, geografischen Standorte und Strategien zur Maximierung der Zuschauerzahlen zu ermitteln. Diese datenbasierte Präferenzfindung kann die Filmverteilung revolutionieren und sicherstellen, dass jeder Start sein volles Potenzial ausschöpft.

Künstliche Intelligenz verändert die Filmproduktion grundlegend und bietet Filmemachern effektive Werkzeuge, die sowohl die kreativen als auch die technischen Aspekte des Filmemachens verbessern. Vom Drehbuchschreiben bis zur Postproduktion automatisiert KI wiederkehrende Aufgaben, eröffnet neue kreative Möglichkeiten und verbessert die Leistung bei Verfahren, die bisher nicht umsetzbar waren. Da KI weiterhin mithält, wird sie die Zukunft der Filmproduktion wahrscheinlich noch stärker prägen und eine neue Technologie des filmischen Geschichtenerzählens einleiten. Durch die Integration von KI können Filmemacher innovative Strategien entwickeln, schneller erstklassige Inhalte produzieren und fesselndere Geschichten für das Publikum schaffen – und gleichzeitig die Kunst des Filmemachens auf dem neuesten Stand der Technik halten.

6.3. Die Zukunft des Kinos: Die Beziehung zwischen KI und Mensch

Die Zukunft des Kinos wird durch die zunehmende Verflechtung von künstlicher Intelligenz (KI) und menschlicher Kreativität bestimmt. Mit der Weiterentwicklung der KI-Technologie wird ihre Rolle im Filmschaffen zunehmen, was zu tiefgreifenden Veränderungen in der Art und Weise führt, wie Filme gemacht, konsumiert und erlebt werden. Da KI-Systeme jedoch zunehmend in den Filmprozess integriert werden, stellt sich die Frage: Wie wird die Verbindung zwischen Mensch und Maschine im zukünftigen Kino aussehen? Wird KI zu einem unverzichtbaren modernen Begleiter oder bleibt sie ein Werkzeug, das die menschliche Kunst ergänzt?

Eine der spannendsten Zukunftschancen des Kinos ist die Vorstellung von KI als innovativem Partner im Filmschaffen. Anstatt menschliche Kreativität zu transformieren, wird KI Filmemachern helfen, ihre kreative Vision zu erweitern und ihnen neue Werkzeuge, Erkenntnisse und Möglichkeiten bieten. KI-Technologien werden bereits eingesetzt, um komplexe technische Aspekte des Filmemachens zu automatisieren, darunter virtuelle Kameraführung, Lichtanpassungen oder visuelle Effekte. Mit der Weiterentwicklung von KI kann ihr Potenzial, zu den innovativen Aspekten des Filmemachens beizutragen, jedoch noch weiter wachsen.

In Zukunft könnte KI auch ein wichtiger Bestandteil der Ideenfindung und der Storyentwicklung werden. KI-Systeme könnten Drehbuchautoren bei der Entwicklung von Handlungsideen, der Charakterentwicklung und der Dialoggestaltung unterstützen, basierend auf einer Fülle von Fakten aus aktuellen Filmen, der Literatur und Zielgruppen. Diese Systeme könnten auch alternative Erzählstrukturen bieten, die es Autoren ermöglichen, sich von traditionellen Erzählstilen zu lösen und neue Ansätze der Erzählkunst zu entdecken. Die Zusammenarbeit zwischen KI und menschlichen Drehbuchautoren dürfte eine neue Welle innovativer und bahnbrechender Filme hervorbringen, in denen die Grenzen zwischen menschlicher und maschineller Kreativität verschwimmen.

Darüber hinaus muss KI zur Richtung und visuellen Ästhetik eines Films beitragen. KI-Systeme ermöglichen es Filmemachern bereits, visuelle Effekte, Farbkorrekturen und Bildkompositionen in Echtzeit zu testen. Zukünftig kann KI kreative Änderungen basierend auf einer Analyse von Stimmung, Genre und Tempo des Films unterstützen. Durch die Interpretation der Werke berühmter Filmemacher und die Anwendung visueller Erzähltechniken kann KI Filmemachern auch Ideen liefern, auf die sie allein nicht gekommen wären. Die Rolle des Regisseurs kann sich vom alleinigen innovativen

Visionär zum Kollaborateur entwickeln, der gemeinsam mit der KI die gemeinsame Vision des Films gestaltet.

Einer der faszinierendsten und mitunter umstrittensten Aspekte der Rolle von KI in der Zukunft des Kinos ist die Fähigkeit, Inhalte durch KI zu generieren. In den kommenden Jahren wird KI in der Lage sein, ganze Filme ohne direkte menschliche Beteiligung zu entwickeln – vom Drehbuch über die Animation bis hin zur Postproduktion. Deep-Learning-Algorithmen haben bereits bewiesen, dass sie realistische Gesichter generieren, Stimmen täuschend echtes Leben verleihen und sogar Lieder komponieren können. Mit der Weiterentwicklung dieser Technologien wird es für KI immer wahrscheinlicher, vollständig ausgearbeitete Filme zu erstellen.

Der zunehmende Einsatz von KI-generierten Inhalten wirft Fragen zur Authentizität der Werke auf. Verliert ein Film, der tatsächlich mithilfe von KI erstellt wurde, seinen Wert als Ausdruck menschlicher Kreativität? Kann ein Gerät die Nuancen menschlicher Emotionen, Kultur und gesellschaftlicher Probleme tatsächlich so erfassen wie ein menschlicher Filmemacher? KI kann zwar diese Elemente mithilfe hochwertiger Datenanalysegeräte nachahmen, doch besteht oft ein inhärenter Unterschied zwischen der emotionsgetriebenen Kunstfertigkeit menschlicher Filmemacher und der kalkulierten Präzision von KI.

KI-generierte Inhalte können die Grenzen des Geschichtenerzählens erweitern. Sie könnten Filme mit einzigartigen visuellen Stilen, Erzählweisen und Perspektiven schaffen, die konventionelle Normen in Frage stellen. Beispielsweise könnte eine KI in der Lage sein, einen Film zu gestalten, der nichtlinear ist oder die Dimensionen und Realitäten des Austauschs erforscht und so eine erzählerische Komplexität erzeugt, die menschliche Schöpfer allein möglicherweise nicht erreichen können. Diese Innovationen dürften die Filmindustrie revolutionieren, erfordern aber auch ein Umdenken hinsichtlich der Rolle des Filmemachers und der menschlichen Kreativität im kreativen Prozess.

Da KI im Filmprozess eine immer wichtigere Rolle spielt, werden sich die Aufgaben menschlicher Filmemacher und Schauspieler möglicherweise weiterentwickeln. Filmemacher werden zwar für wichtige Entscheidungen hinsichtlich der Richtung, des Tons und der allgemeinen Vision des Films verantwortlich sein, ihre Aufgaben könnten sich jedoch durch die engere Zusammenarbeit mit KI-Systemen verändern. Anstatt sich wiederholender technischer Aufgaben können sich Regisseure, Cutter und einzelne Kreative stärker auf die emotionalen und thematischen Aspekte ihrer Kunstwerke konzentrieren, während KI einige der logistischen und technischen Herausforderungen übernimmt.

KI könnte künftig auch die Rolle von Schauspielern verändern. Bereits heute werden Bewegungserfassung und CGI eingesetzt, um fiktive Charaktere zum Leben zu erwecken. Zukünftig könnte KI auch die Erstellung digitaler Versionen von Schauspielern ermöglichen, sodass deren Darstellungen nach Belieben aufgezeichnet und nachgestellt werden können. Diese KI-generierten Avatare könnten es Schauspielern ermöglichen, über ihr Leben hinaus aufzutreten – ein grundlegender Beitrag zu einem völlig neuen Kinoerlebnis. Dies wirft jedoch ethische Fragen hinsichtlich der Authentizität virtueller Darbietungen und der möglichen Ausnutzung der Ähnlichkeiten der Schauspieler auf.

Darüber hinaus könnte die Fähigkeit der KI, synthetische Stimmen zu erzeugen und Deepfake-Technologie zu entwickeln, die Wiederauferstehung verstorbener Schauspieler ermöglichen oder es lebenden Schauspielern ermöglichen, Rollen zu übernehmen, ohne physisch vor der Kamera zu stehen. Dies eröffnet zwar neue Möglichkeiten, wie virtuelle Aufführungen oder die Zusammenarbeit zwischen historischen Persönlichkeiten und modernen Stars, verschärft aber auch die Bedenken hinsichtlich Zustimmung, Repräsentation und der Kommerzialisierung der Identität von Schauspielern.

Die Beziehung zwischen KI und Mensch im zukünftigen Kino wird nicht nur die Entstehungsstrategie beeinflussen, sondern auch die Art und Weise, wie Filme vom Publikum konsumiert und wahrgenommen werden. Früher war das Publikum passiver Empfänger der Vision eines Filmemachers und sah sich einen Film linear ablaufen. Mit dem Aufkommen interaktiver Medien und KI beginnt sich die Art des Filmkonsums jedoch zu verändern.

KI kann das Zuschauererlebnis revolutionieren, indem sie Filme interaktiver und individueller gestaltet. Stellen Sie sich einen Film vor, der sich an Ihre emotionalen Reaktionen anpasst und die Erzählung in Echtzeit an Ihre Reaktion auf die Szenen anpasst. KI kann Mimik, Herzfrequenz und Augenbewegungen des Zuschauers analysieren, um Tempo, Ton und Handlung des Films anzupassen und das Erlebnis intensiver und dynamischer zu gestalten. Solche interaktiven Filme bieten völlig neue Ansätze des Geschichtenerzählens, bei denen der Zuschauer zum aktiven Teilnehmer der Erzählung wird.

KI kann auch eingesetzt werden, um Zielgruppenpotenziale zu erkennen und Filme oder Szenen basierend auf dem Sehverhalten zu empfehlen. Ähnlich wie Streaming-Dienste Algorithmen zur Inhaltsempfehlung nutzen, kann KI auch die emotionalen Präferenzen einer Person analysieren und Filme empfehlen, die ihrer Stimmung oder ihren Interessen entsprechen. Dieser Grad der Personalisierung kann die Verbindung zwischen der Zielgruppe und dem Film stärken und dafür sorgen, dass die Besucher stärker in die Inhalte eingebunden sind und sich für sie interessieren.

Da KI die Zukunft des Kinos weiterhin prägt, wirft sie einige ethische und philosophische Fragen auf. Wenn KI-

Systeme für die Entwicklung von Filmen oder deren Inhalt verantwortlich sind, wer besitzt dann die Rechte an diesen Kreationen? Sollten KI-generierte Filme als geistiges Eigentum der Schöpfer betrachtet werden, die die Algorithmen entwickelt haben, oder sollten die Maschinen selbst eine Form von Eigentum besitzen? Und wie können wir angesichts zunehmend autonomerer KI-Systeme sicherstellen, dass die von ihnen generierten Inhalte mit menschlichen Werten und ethischen Grundsätzen übereinstimmen?

Darüber hinaus dürfte der zunehmende Einsatz von KI im Kino die Art und Weise des Geschichtenerzählens verändern und sich auf die Art der präsentierten Aussagen auswirken. Da KI-Systeme statistisch programmiert sind, besteht die Gefahr, dass sie bestehende Vorurteile und Stereotypen verfestigen und Narrative so gestalten, dass sie riskante gesellschaftliche Normen verstärken. Filmemacher, Technologen und Ethiker müssen zusammenarbeiten, um sicherzustellen, dass KI-Technologien in Verfahren eingesetzt werden, die Vielfalt, Inklusivität und eine herausragende kulturelle Darstellung fördern.

Die Zukunft des Kinos wird maßgeblich durch die zunehmende Verbindung zwischen KI und menschlicher Kreativität geprägt. Mit der Weiterentwicklung der KI-Technologie werden Filmemacher und Schauspieler neue Wege der Zusammenarbeit mit Maschinen finden, die für spannende

Verbesserungen beim Geschichtenerzählen, den visuellen Effekten und der Publikumsbindung unerlässlich sind. Diese Partnerschaft erfordert jedoch auch eine sorgfältige Auseinandersetzung mit den ethischen und philosophischen Implikationen der Rolle der KI bei der Einführung und Aufnahme von Kunstwerken. Das nächste Kapitel des Kinos könnte ein Kapitel der gemeinsamen Schöpfung sein, in dem menschliche Kreativität und KI-Fähigkeiten zusammenwirken, um die Grenzen des kreativen Ausdrucks neu zu definieren.

6.4. KI in visuellen Effekten und Animation

Die Einführung künstlicher Intelligenz hat die Bereiche visuelle Effekte (VFX) und Animation revolutioniert und die Art und Weise, wie virtuelle Bilder erstellt, ansprechender gestaltet und in das Storytelling integriert werden, grundlegend verändert. Traditionell waren VFX und Animation aufwendige Prozesse, die hochspezialisierte Fähigkeiten, aufwändige Handarbeit und lange Produktionszeiten erforderten. KI-Technologien beschleunigen nun Arbeitsabläufe, ermöglichen ein nie dagewesenes Maß an Realismus und Kreativität und eröffnen durch die Erweiterung oder Automatisierung komplexer Aufgaben neue Möglichkeiten für visuelles Storytelling.

Einer der größten Auswirkungen von KI auf visuelle Ergebnisse liegt in der Bildsynthese und -optimierung. Deep-Mastering-Modelle wie Generative Adversarial Networks

(GANs) können fotorealistische Texturen, Umgebungen und sogar ganze Charaktere erzeugen und so den Zeit- und Kostenaufwand für die Erstellung herausragender Objekte drastisch reduzieren. KI-gesteuerte Tools können beispielsweise Aufnahmen mit niedriger Auflösung hochskalieren, fehlende Frames ergänzen oder Naturphänomene wie Rauch, Feuer und Wasser detailgetreu simulieren. Diese Automatisierung ermöglicht es Künstlern, sich auf kreative und konzeptionelle Innovationen zu konzentrieren, anstatt sich mit langwierigen technischen Details zu befassen.

In der Animation unterstützt KI die Bereinigung und Interpolation von Motion Capture-Daten. Motion-Capture-Daten (Motion Capture, MOCAP) erfordern häufig umfangreiche manuelle Korrekturen, um Rauschen oder unnatürliche Bewegungen zu entfernen. KI-Algorithmen können MOCAP-Sequenzen analysieren und Animationen automatisch glätten oder optimieren, um flüssige und realistische Darstellungen zu gewährleisten. Darüber hinaus generiert KI-gesteuerte Bewegungsinterpolation neue Zwischenbilder, sodass Animatoren Animationen mit höherer Bildrate ohne zusätzlichen Arbeitsaufwand erstellen können. Dies ermöglicht realistischere und immersivere Einzelspieler-Performances.

KI zeichnet sich auch durch Gesichtsanimation und Ausdruckssynthese aus – wichtige Komponenten für die Entwicklung emotional ansprechender digitaler Charaktere. Techniken wie Deepfake und neuronales Rendering ermöglichen es Animatoren, die Mimik von Schauspielern mit höchster Präzision auf digitale Avatare abzubilden. Diese Technologie ermöglicht diffuse Mikroausdrücke und Lippensynchronisation und erhöht so die Glaubwürdigkeit sowohl von Live-CGI-Effekten als auch von lebendigen Charakteren. Solche Verbesserungen überbrücken das unheimliche Tal und fördern eine stärkere Verbindung des Publikums zu virtuellen Persönlichkeiten.

Prozedurale Generierung mithilfe von KI ermöglicht die Einführung großer, dynamischer virtueller Welten und Menschenmengen. Algorithmen können realistische Landschaften, Blumen, Wettermuster und konkrete Umgebungen generieren und Szenen mit vielen spezifischen Charakteren bevölkern, die autarkes Verhalten zeigen. Diese Fähigkeit ist wertvoll in Blockbuster-Filmen und Open-World-Videospielen, bei denen Maßstab und Variabilität von größter Bedeutung sind.

KI-gestützte Stilwechsel und künstlerische Rendering-Techniken ermöglichen es visuellen Effekten und Animationsstudios, mühelos mit verschiedenen Ästhetiken zu experimentieren. Durch Training an einzigartigen künstlerischen Mustern – vom Impressionismus bis zum

Cyberpunk – kann KI Filmmaterial oder Modelle so transformieren, dass sie zu bevorzugten visuellen Motiven passen. Diese Verschmelzung von Epoche und Kunst erweitert die kreativen Möglichkeiten und ermöglicht hybride Stile, die Realismus mit stilisierter Abstraktion verbinden.

Darüber hinaus optimiert KI die Workflow-Automatisierung in VFX-Pipelines. Intelligentes Asset Management, automatisches Rotoskopieverfahren, Objektverfolgung und Szenen-Compositing reduzieren repetitive manuelle Aufgaben. KI-gestützte Tools können beispielsweise Vordergrundelemente von komplexen Hintergründen isolieren oder Elemente in Szenen mit minimalem menschlichen Eingriff ersetzen. Diese Effizienzsteigerungen beschleunigen die Produktionszeiten und senken die Kosten, wodurch hochwertige visuelle Effekte für unabhängige Entwickler und kleinere Studios leichter erreichbar werden.

KI-gestütztes Echtzeit-Rendering bedeutet einen weiteren großen Fortschritt. Durch die Nutzung neuronaler Netzwerke und Hardwarebeschleunigung ermöglicht KI interaktive Vorschauen und spontane Anpassungen während der gesamten Produktion. Diese Unmittelbarkeit verbessert die innovative Auswahl und ermöglicht es Regisseuren und Künstlern, komplexe Ergebnisse sofort zu visualisieren und unerwartet zu iterieren.

Die Integration von KI in Animationen fördert zudem Personalisierung und Interaktivität. In Spielen und der virtuellen Realität generiert KI adaptive Animationen, die flüssig auf Spielerbewegungen oder Umweltreize reagieren. Charaktere können ihr Verhalten analysieren und weiterentwickeln, was immersivere und reaktionsschnellere Geschichten ermöglicht. Dieser dynamische Content-Ansatz stellt traditionelle statische Animationsmodelle in Frage und läutet eine neue Generation lebendiger digitaler Welten ein.

Trotz ihrer Vorteile wirft der Einsatz von KI in visuellen Effekten und Animationen kritische Fragen auf. Die Abhängigkeit von KI-generierten Inhalten führt zu Diskussionen über Urheberschaft und kreative Anerkennung sowie zu Bedenken hinsichtlich der möglichen Verdrängung professioneller Künstler. Die meisten Branchenexperten sehen KI jedoch eher als Ergänzung denn als Ersatz – als Werkzeug, das Künstlern ermöglicht, ihre Visionen umfassender und präziser umzusetzen.

Ethische Fragen ergeben sich zudem im Zusammenhang mit dem Einsatz von KI in Deepfake-Technologien, bei denen künstliche Bilder böswillig eingesetzt werden könnten. Die Unterhaltungsindustrie entwickelt aktiv Anforderungen und Empfehlungen, um einen verantwortungsvollen Einsatz zu gewährleisten und Innovation mit gesellschaftlichen Auswirkungen in Einklang zu bringen.

KI verändert visuelle Ergebnisse und Animationen durch verbesserte Kreativität, Leistung und Umfang. Sie befreit Künstler von technischen Einschränkungen und ermöglicht so ein ausdrucksstärkeres Storytelling und intensivere visuelle Erlebnisse. Mit zunehmender Weiterentwicklung der KI-Technologien versprechen sie zudem, die Grenzen zwischen Realität und Fantasie zu verwischen und immersive Welten zu schaffen, die das Publikum auf bisher unvorstellbare Weise fesseln.

KAPITEL 7

Kunst, KI und Gesellschaft

7.1 Künstliche Intelligenz und ihre Rolle in der Gesellschaft

Künstliche Intelligenz (KI) hat sich in jüngster Zeit zu einem starken Faktor entwickelt, der nahezu jeden Aspekt der Gesellschaft beeinflusst. Diese Einflüsse beschränken sich nicht nur auf technologische Neuerungen und Finanzstrukturen, sondern zeigen sich auch in kulturellen und innovativen Bereichen. Insbesondere die Verbindung zwischen Kunst und KI hat sich zu einem wichtigen Bereich entwickelt, der zur Neugestaltung gesellschaftlicher Strukturen beiträgt. Das Verständnis der gesellschaftlichen Rolle von KI erfordert eine vielschichtige Perspektive, insbesondere im Kontext ihrer Schnittstelle zur Kunst.

Eine der bedeutendsten Auswirkungen von KI auf die Gesellschaft ist die veränderte Wahrnehmung von Herstellungs- und Schaffensprozessen. Traditionell diente von Menschen geschaffene Kunst als wichtiges Instrument zur Vermittlung kultureller Werte und Bedeutungen innerhalb der Gesellschaft. Die Verschmelzung von KI und Kunstwerk wirft jedoch neue Fragen auf: Was ist Malerei, wer kann Kunst schaffen und welchen gesellschaftlichen Charakter hat sie? Diese neue Zusammenarbeit zwischen Mensch und Maschine definiert die Grenzen kultureller Produktion neu.

Einerseits schafft KI in Zusammenarbeit mit menschlichen Künstlern Werke, die bisher nicht realisierbar waren, andererseits entwickelt sie Kunstwerke, die die Bedeutung von Kunst hinterfragen und gesellschaftlichen Normen widersprechen. Diese Dynamik trägt maßgeblich zum Abbau elitärer Systeme in der traditionellen Kunst weltweit bei und ermöglicht mehr Menschen die Interaktion mit Kunst. Insbesondere in der digitalen Kunst hat die KI-Technologie den kreativen Schaffensprozess zugänglicher gemacht. Dadurch konnte die Kunst enger mit der Gesellschaft verbunden werden, die Rolle des Künstlers neu definiert und das Publikum erweitert werden.

Die gesellschaftliche Reaktion auf die Beziehung zwischen Kunst und KI zeigt ein wachsendes Bewusstsein für Technologie und gleichzeitig wachsende Bedenken hinsichtlich der Bedrohung von Arbeitsplätzen und der Wertminderung menschlicher Kreativität. Einige Befürworter der KI-Kunst argumentieren jedoch, dass diese Technologien die Grenzen der Kunst erweitern und eine gemeinsame Sprache entwickeln könnten, die gesellschaftlichen Austausch fördert.

KI beeinflusst gesellschaftliche Systeme nicht mehr nur aus finanzieller oder arbeitsbezogener Perspektive, sondern verändert auch unsere Wahrnehmung der menschlichen Natur. Diskussionen über die Rolle von KI in der Gesellschaft gehen über Kunst und Technologie hinaus und umfassen umfassendere Themen wie Menschenrechte, Ethik und soziale

Ungleichheit. In diesem Zusammenhang spielt das Zusammenspiel von KI und Kunst eine entscheidende Rolle bei der Neudefinition gesellschaftlicher Werte.

KI verändert auch kulturelle und ästhetische Wahrnehmungen. Während menschliche ästhetische Informationen historisch gesehen in gesellschaftlichen Strukturen normal waren, führt das Zusammenspiel von KI und Kunst zu einem breiteren Verständnis von Ästhetik. Kreative KI, die Daten aus verschiedenen Kulturen verarbeitet, ist in der Lage, Kunstwerke zu schaffen, die eine konventionelle Sprache dokumentieren und Gesellschaften durch die Verschmelzung ästhetischer Werte über Grenzen hinweg einander näher bringen.

KI-generierte Kunstwerke gehen über konventionelle Kunstdokumente hinaus und bieten neue ästhetische Werte und Standards. Diese künstlerischen Bemühungen tragen dazu bei, eine Art der Kommunikation zu schaffen, die über soziale Klassen, geografische Grenzen und kulturelle Einschränkungen hinausgeht. KI ist daher nicht nur ein Werkzeug für Künstlerinnen und Künstler, sondern auch ein Medium, das den kulturellen Austausch fördert und die interkulturelle Interaktion stärkt.

Die Verbindung zwischen KI und Kunst verändert nicht nur die Entwicklung kreativer Produktion, sondern auch den gesellschaftlichen Charakter von Kunstwerken. Kunst diente schon immer der Vermittlung kultureller Erinnerungen und Werte. Mit der aktiven Beteiligung von KI an der kreativen Entwicklung verändert sich dieser gesellschaftliche Charakter jedoch. Durch KI geschaffene Kunst bringt neue Bedeutungen hervor und wirft neue Fragen auf. Kunst spiegelt nun nicht mehr nur menschliche Emotionen und Gefühle wider, sondern demonstriert auch die kreative Leistungsfähigkeit der Maschinenintelligenz.

Viele sehen in der Verschmelzung von KI und Kunst eine Gefahr für menschliche Originalität und Kreativität. Doch wenn KI als Mitwirkender am Innovationsprozess beteiligt ist, kann sie den menschlichen Ausdruck auf ein neues Niveau heben. Kunst wird durch die Verschmelzung mit KI zu einem Ort, an dem neue gesellschaftliche Dynamiken und revolutionäre Kooperationen entstehen.

Zusammenfassend ist die Rolle von KI in Kunst und Gesellschaft ein multidimensionaler und sich ständig weiterentwickelnder Bereich. KI verändert nicht nur die Bedeutung, die Charakteristik und die ästhetischen Werte von Kunstwerken, sondern verändert auch die gesellschaftliche Wahrnehmung von Kunst und Technologie. Dieser Wandel signalisiert einen breiteren gesellschaftlichen Wandel und dient als wichtiger Indikator dafür, wie die Rolle von KI in der Gesellschaft tiefer verstanden wird.

7.2. Ästhetik und Schönheitsempfinden der KI

Die Integration Künstlicher Intelligenz (KI) in die Kunst hat einer neuen und transformativen Sichtweise auf Schönheit und Ästhetik Auftrieb gegeben. Traditionell wurde Schönheit in der Kunst durch menschliche Empfindsamkeit beschrieben, die durch kulturelle, historische und philosophische Rahmenbedingungen geprägt wurde. KI führt jedoch einen alternativen Ansatz ein, indem sie Fakten, Algorithmen und maschinelles Lernen mit künstlerischer Innovation verbindet. Dieser Wandel führt nicht nur zu einer Neudefinition dessen, was als schön gilt, sondern auch zu einer umfassenderen Untersuchung des Wesens der Ästhetik selbst.

Einer der interessantesten Aspekte des Einflusses von KI auf die Schönheit ist ihre Fähigkeit, über die menschliche Subjektivität hinauszugehen. KI, angetrieben durch Algorithmen und Deep Learning, kann große Datenmengen aus einer Vielzahl von Kunstformen, Kulturen und Epochen analysieren. Dadurch entstehen neue ästhetische Standards, die nicht immer durch die emotionalen oder kulturellen Barrieren menschlicher Schöpfer bedingt sind. Diese maschinengenerierte Ästhetik ist frei von persönlichen Vorurteilen, kulturellen Traditionen oder emotionalen Reaktionen und kann sowohl als Kraft als auch als Aufgabe in der Kunstwelt wahrgenommen werden.

Der Ansatz der KI zur Schönheit basiert häufig auf Intentionsmustern, die aus Big-Data-Systemen hervorgehen. Beispielsweise kann KI die visuellen Elemente bekannter Kunstwerke – darunter Farbschemata, Proportionen und Symmetrie – betrachten und diese Stile zur Schaffung neuer Werke nutzen. Dadurch entstehen Kunstwerke, die durch eine völlig einzigartige Linse wahrgenommen werden können, die die mathematischen, geometrischen und algorithmischen Aspekte der Schönheit im Kontext emotionaler oder experimenteller Aspekte berücksichtigt. Daher ist das Schönheitskonzept der KI wahrscheinlich vertrauter, frei von der kulturellen und emotionalen Belastung, die menschlich geschaffene Schönheit oft mit sich bringt.

Mit der Weiterentwicklung der KI wird auch ihr ästhetisches Empfinden immer komplexer. Algorithmen können heute Werke generieren, die den Stil berühmter Künstler imitieren oder völlig neue Formen des visuellen Ausdrucks schaffen. Diese Fähigkeit zur Replikation oder Innovation wirft kritische Fragen zur Authentizität von Schönheit auf. Wenn ein Gerät etwas ästhetisch Ansprechendes schafft, ruft es dann die gleiche emotionale Reaktion hervor wie ein von Menschenhand geschaffenes Werk? Kann ein computergeneriertes Bild das gleiche Gefühl von Ehrfurcht, Staunen oder Verbundenheit hervorrufen wie ein traditionelles Kunstwerk?

Die Lösung liegt darin, wie Menschen die von KI geschaffene Schönheit verstehen. Während einige argumentieren, dass Schönheit, die durch ein Gerät erzeugt wird, nicht die Tiefe menschlicher Emotionen besitzt, meinen andere, dass sie neue Wege für stilvolle Erkundung eröffnet. KI, mit ihrem Potenzial, unerwartete Kombinationen zu erzeugen, kann Schönheit auf eine Weise hervorbringen, die menschlichen Rekorden trotzt, traditionelle Vorstellungen von Schönheit in Frage stellt und neue visuelle Geschichten einführt, die vielleicht nicht allein aus menschlicher Kreativität entstanden wären.

KI-generierte Werke zielen oft nicht darauf ab, menschliche Emotionen nachzubilden, sondern zu überraschen und neue Formen der Wahrnehmung zu fördern. Diese Kreationen erregen regelmäßig Interesse und liefern klare Interpretationen von Pracht, die die bestehenden Vorstellungen des Betrachters auf die Probe stellen. KI präsentiert somit ein sich entwickelndes ästhetisches Empfinden, das die Grenze zwischen menschlicher und maschineller Schöpfung verwischt und eine Neubetrachtung des Schönheitsaspekts in der Kunst anregt.

Der Einfluss von KI auf Schönheit beschränkt sich nicht nur auf einzelne Kunstwerke. Sie verändert kulturelle und gesellschaftliche Vorstellungen von Schönheit in einem breiteren Maßstab. In der konventionellen Kunst ist Schönheit oft kulturell präzise und spiegelt die Werte, Überzeugungen und Bedürfnisse bestimmter Gesellschaften oder Epochen wider. Die Fähigkeit von KI, weltweite kreative Informationen zu analysieren, ermöglicht es jedoch, berühmte Schönheitsbedürfnisse zu schaffen, die über bestimmte kulturelle Barrieren hinausgehen. KI-generierte Kunst kann auch Merkmale hervorheben, die in verschiedenen Kulturen ästhetisch ansprechend sein können, und so eine globalisiertere Herangehensweise an Schönheit ermöglichen.

Dieses weit verbreitete Schönheitskonzept kann ermächtigend wirken und neue Möglichkeiten für eine überkulturelle Wertschätzung eröffnen. Es ermöglicht ein umfassenderes und vielfältigeres Verständnis von Schönheit, das sich nicht auf die ästhetischen Möglichkeiten dominanter Kulturbetriebe verlässt, sondern stattdessen ein breiteres Spektrum an Mustern, Stilen und Dokumenten umfasst. Durch KI wird Schönheit fließender, anpassungsfähiger und offener für Interpretationen, was eine Demokratisierung des kreativen Ausdrucks ermöglicht.

Diese Demokratisierung wirft jedoch auch Fragen hinsichtlich des Verlusts gesellschaftlicher oder traditioneller ästhetischer Werte auf. Mit der zunehmenden Verbreitung KI-generierter Kunst besteht die Gefahr, dass lokale Ausdrucksformen der Schönheit durch globalisierte, systemgenerierte Standards marginalisiert oder überschattet werden. Die Herausforderung besteht daher darin, das allgemeine ästhetische Potenzial der KI mit dem Schutz verschiedener kultureller Identitäten in Einklang zu bringen.

Die Verbindung zwischen KI und Schönheit wirft zudem wichtige moralische Fragen auf. Die Rolle von KI in Kunst und Ästhetik verstärkt die Sorge um Urheberschaft, Kreativität und Originalität. Wenn ein Gerät etwas als beeindruckend geltendes Produkt schafft, wer besitzt dann die Rechte daran? Ist es der Entwickler des KI-Geräts, die Person, die die Daten eingibt, oder die KI selbst? Diese Fragen zu Urheberschaft und Besitz sind von entscheidender Bedeutung, da sie traditionelle Vorstellungen von geistigem Eigentum und kreativer Leistung in Frage stellen.

Darüber hinaus birgt die Art und Weise, wie KI Schönheit schafft, auch das Problem der Voreingenommenheit. KI-Algorithmen werden auf riesigen Datenmengen trainiert, die kulturelle oder rassistische Vorurteile berücksichtigen und so die künstlerischen Ergebnisse beeinflussen können. Beispielsweise könnte ein KI-Experte für westliche Kunst eher Werke schaffen, die westlichen Schönheitsstandards entsprechen und so enge kulturelle Normen aufrechterhalten. Die Berücksichtigung dieser Vorurteile in KI-Systemen ist wichtig, um sicherzustellen, dass KI-generierte Kunstwerke vielfältig, inklusiv und repräsentativ für die globalen Schönheitsstandards bleiben.

Die Auseinandersetzung der KI mit Schönheit und Ästhetik eröffnet neue Wege in der Kunstwelt. Sie stellt traditionelle Vorstellungen von Schönheit und Schöpfung in Frage und eröffnet zugleich neue Möglichkeiten für Forschung und Innovation. Mit der Weiterentwicklung der KI werden ihre Beiträge zur Wahrnehmung von Schönheit wahrscheinlich noch deutlicher werden und die Fantasiewelt tiefgreifend verändern. Ob die Schönheit der KI allgemein bekannt ist oder ein umstrittenes Feld bleibt, eines ist klar: Sie definiert das Wesen von Kunst und ästhetischem Erleben in der heutigen Welt neu.

7.3. Die technologische Dimension der Kunst

Kunst war schon immer eng mit der den Künstlern zur Verfügung stehenden Ausrüstung und Technologie verknüpft. Mit dem Aufkommen fortschrittlicher technologischer Fortschritte hat sich diese Verbindung jedoch vertieft und zu erstklassigen Techniken weiterentwickelt. Die technologische Dimension von Kunstwerken bezieht sich nicht nur auf die von Künstlern verwendete Ausrüstung, sondern auch auf die modernen Ausdrucksformen, die Kreativität und Interaktion, die die Technologie ermöglicht. Künstliche Intelligenz, virtuelle Realität (VR), Augmented Reality (AR), 3D-Druck und andere moderne Technologien beeinflussen heute maßgeblich die Art und Weise, wie Kunst produziert, konsumiert und wahrgenommen wird, und prägen die Zukunft kreativer Praktiken in allen Disziplinen.

Historisch gesehen stand Künstlern die Technologie zur Verfügung, die die Grenzen des künstlerischen Ausdrucks erweiterte – sei es durch die Erfindung des Pinsels oder die Entwicklung von Fotografien. Heute bietet die Technologie Künstlern eine Reihe innovativer Werkzeuge, von denen einige vor wenigen Jahren noch undenkbar waren. KI beispielsweise ermöglicht es Künstlern, Werke zu schaffen, die menschliche Kreativität mit maschinellem Lernen und Algorithmen verbinden und so völlig neue Wege der kreativen Produktion eröffnen.

KI-gestützte Algorithmen können heute komplexe visuelle Kunstwerke erzeugen, Musikkompositionen produzieren oder Gedichte und Erzählungen verfassen – und all das stellt das traditionelle Verständnis von Künstlertum infrage. Der Einsatz von KI in der Kunstpräsentation wirft wichtige Fragen zur Rolle des Menschen im Entwicklungsprozess auf. Verringert die maschinelle Beteiligung an der Entwicklung eines Kunstwerks den Wert des Kunstwerks oder erweitert sie das Potenzial für kreative Gestaltung?

In der visuellen Malerei haben virtuelle Geräte und Software neuen Medien, darunter virtuelle Malerei und 3D-Modellierung, Auftrieb gegeben. Diese Technologien ermöglichen es Künstlern, Kunstwerke zu schaffen, die einst nur in ihrer Vorstellung möglich waren. Mit der Fähigkeit, Pixel, Farben und Formen präzise zu manipulieren, bieten digitale Geräte unendliche Möglichkeiten für kreativen Ausdruck. Die rasante Entwicklung von VR und AR hat die Landschaft weiter revolutioniert und ermöglicht es Künstlern, immersive Umgebungen zu schaffen, die Besucher auf neuartige, mehrdimensionale Weise einbeziehen.

Eine der interessantesten Entwicklungen im technologischen Bereich der Kunst ist der Trend zu interaktiven und immersiven Kunstbetrachtungen. Traditionelle Kunstwerke, darunter Gemälde und Skulpturen, sind meist passive Betrachtungen, bei denen der Betrachter durch Anschauen mit dem Kunstwerk interagiert. Das Aufkommen von VR und AR ermöglicht jedoch eine aktive Teilnahme an den Kunstwerken und verwandelt den Betrachter vom passiven Beobachter in einen aktiven Teilnehmer.

VR-Kunst beispielsweise ermöglicht es dem Betrachter, in eine virtuelle Umgebung einzutreten und in Echtzeit mit dem Kunstwerk zu interagieren. Künstler können ganze Welten erschaffen, in denen die Handlungen des Betrachters das Erlebnis beeinflussen und die Grenzen zwischen Autor und Betrachter verschwimmen. Dadurch entsteht ein völlig neuer Bereich des kreativen Ausdrucks, in dem das Kunstwerk des Künstlers nicht als statisches Objekt, sondern als dynamisches, sich entwickelndes Erlebnis existiert, das durch das Engagement des Betrachters geformt wird.

AR hingegen überlagert digitale Inhalte mit der physischen Welt und berücksichtigt dabei hybride Kunstformen, die das Greifbare mit dem Immateriellen verbinden. Mit AR können künstlerische Arbeiten individueller und kontextsensitiver gestaltet werden, da der Standort oder die Umgebung des Betrachters die Wahrnehmung des Kunstwerks bestimmt. Diese Schnittstelle zwischen physischen und digitalen Räumen ermöglicht eine flüssigere und flexiblere Auseinandersetzung mit Kunstwerken und ermöglicht es Künstlern, Kunstwerke zu gestalten, die den Betrachter auf mehreren Sinnesebenen ansprechen.

Der Einfluss von KI auf die technologische Entwicklung von Kunstwerken geht weit über die für ihre Entstehung verwendeten Werkzeuge hinaus. KI-Systeme sind zunehmend in der Lage, Kunstwerke mithilfe der Analyse großer Datenmengen zu generieren. Diese Systeme basieren auf umfangreichen Datenmengen, darunter auch auf früheren Werken der Kunst, kulturellen Kontexten und ästhetischen Konzepten. Durch das Studium von Stilen und Strukturen in diesen Daten kann KI neue kreative Kreationen hervorbringen, die die Grenzen konventioneller Kunst erweitern.

KI-gesteuerte Kunst stellt herkömmliche Vorstellungen von Autorschaft, Kreativität und Originalität in Frage. Wenn ein KI-Gerät ein Gemälde oder einen Song erzeugt, wer ist dann der Autor? Ist es das Gerät, der Programmierer, der die Regeln entwickelt hat, oder die Daten, aus denen das Gerät seine Ergebnisse ermittelt hat? Diese Fragen verkomplizieren die Datenlage zur technologischen Länge der Kunst und führen zu wichtigen Diskussionen über den Mann oder die Frau der Kreativität und die Rolle der Generation in revolutionären Strategien.

Datenbasierte Kunst, unterstützt durch KI und maschinelles Lernen, ermöglicht Künstlern zudem, neue Wege der Datenvisualisierung und -interpretation zu finden. Datenvisualisierung hat sich zu einer eigenständigen Kunstform entwickelt, bei der komplexe Datensätze in ästhetisch ansprechende Werke umgewandelt werden, die komplexe Muster, Zusammenhänge und Trends widerspiegeln. Diese Visualisierungen dienen nicht nur der Information, sondern sprechen den Betrachter auch auf einzigartige, kreative Weise an und eröffnen neue Perspektiven auf die uns umgebende Welt.

Mit fortschreitender Technologie wird die technologische Dimension der Kunst nur noch weiter an Bedeutung gewinnen. Der Aufstieg von KI, maschinellem Lernen und immersiven Technologien wie VR und AR deutet darauf hin, dass die Zukunft der Kunst zunehmend kollaborativer sein wird und Maschinen als Partner im modernen Prozess auftreten. Diese Partnerschaft könnte auch neue Formen der Kunst hervorbringen, die wir noch nicht vollständig verstanden haben und die menschliche Intuition und emotionalen Ausdruck mit der Präzision und analytischen Kraft von Maschinen verbinden.

Darüber hinaus ermöglicht die zunehmende Integration digitaler und physischer Welten, beispielsweise durch den 3D-Druck, Künstlern eine bemerkenswerte Kontrolle über die Materialität ihrer Werke. 3D-Druck ermöglicht es Künstlern, aus digitalen Entwürfen greifbare Skulpturen und Geräte zu schaffen und so einen nahtlosen Übergang zwischen digitalen und physischen geografischen Bereichen zu ermöglichen. Diese Generation eröffnet neue Möglichkeiten für die Erstellung komplexer Dokumente, die mit herkömmlichen Techniken nicht realisierbar wären.

Die Rolle der Epoche in der Kunst wirft weiterhin kritische moralische und philosophische Fragen auf. Da KI und andere Technologien zunehmend in der Lage sind, Kunstwerke autonom zu schaffen, müssen Fragen nach Urheberschaft, Originalität und Authentizität geklärt werden. Darüber hinaus könnte die Berücksichtigung der Epoche in der Kunstpräsentation auch zu breiteren gesellschaftlichen Diskussionen über den Stellenwert menschlicher Kreativität in einer zunehmend von Maschinen beeinflussten Welt führen.

Die technologische Entwicklung der Malerei ist eine sich rasant entwickelnde Disziplin, die die fortschreitende

Konvergenz zwischen Technologie und menschlicher Kreativität widerspiegelt. KI, VR, AR, 3D-Druck und andere aufstrebende Technologien verändern die Art und Weise, wie Malerei gemacht, professionell umgesetzt und verstanden wird. Diese Entwicklungen bieten interessante neue Möglichkeiten für kreativen Ausdruck, Zusammenarbeit und Interaktion und stellen gleichzeitig traditionelle Vorstellungen von Kreativität, Urheberschaft und ästhetischer Wertschätzung in Frage.

Mit der Weiterentwicklung der Technologie wird die Beziehung zwischen Kunstwerk und Zeit immer komplexer und verflochtener. Künstler werden die Grenzen des Möglichen mit neuen Technologien immer weiter verschieben und Kunstwerke schaffen, die die Möglichkeiten der Zukunft widerspiegeln. Die technologische Dimension der Kunst ist nicht nur ein Spiegelbild der Moderne, sondern ein Fenster in die Zukunft des kreativen Ausdrucks, in dem sich die Grenzen zwischen Mensch und Technologie, Schöpfer und Betrachter ständig verschieben.

KAPITEL 8

KI und die Zukunft der Kreativität

8.1. Neue Grenzen der Kreativität

Das Aufkommen künstlicher Intelligenz (KI) erweitert die Definition von Kreativität und eröffnet neue geografische Räume für kreativen Ausdruck und Innovation. In einer Welt, die einst von menschlicher Vorstellungskraft und Innovation geprägt war, verändert KI nun nicht nur die Werkzeuge, die Kreativen zur Verfügung stehen, sondern auch die grundlegenden Ansätze des Schaffens selbst. Von der Kunst über Musik und Literatur bis hin zum Design bietet KI enorme Möglichkeiten zur Erforschung und erweitert die Grenzen des bisher theoretisch Machbaren.

Historisch betrachtet wurde Kreativität als eine eher menschliche Eigenschaft angesehen, die mit unseren kognitiven Fähigkeiten, Emotionen und Reaktionen verbunden ist. Die Integration von KI in innovative Strategien verändert diese Denkweise jedoch und ermöglicht es Maschinen, an der Entwicklung von Gedanken, Kompositionen und Designs mitzuwirken. Durch die Verarbeitung großer Datenmengen und deren Auswertung kann KI neuartige Inhalte generieren, die menschliche Kreativität nicht nur imitieren, sondern oft auch Ergebnisse liefern, die herkömmliche innovative und progressive Anforderungen übertreffen.

Dieser Wandel führt zu neuen kreativen Branchen und Strategien und erleichtert die Zusammenarbeit zwischen menschlichem Einfallsreichtum und maschinellem Lernen. Anstatt menschliche Künstler oder Schöpfer zu bekehren, fungiert KI als Begleiter und erweitert den innovativen Weg, indem sie neue Perspektiven vermittelt, anspruchsvolle Aufgaben automatisiert und die Grenzen konventioneller progressiver Praktiken überschreitet. Lassen Sie uns herausfinden, wie diese Entwicklungen die Zukunft der Kreativität prägen.

Eine der offensichtlichsten und eindrucksvollsten Manifestationen der Rolle von KI in der Kreativität ist ihr Einsatz in der visuellen Kunst. KI-Algorithmen, insbesondere Deep Learning-Netzwerke wie Generative Angular Networks (GANs), haben die Produktion digitaler Kunst revolutioniert. Diese Systeme analysieren riesige Datensätze bestehender Gemälde und können so basierend auf beobachteten Stilen völlig neue Bilder generieren. Künstler nutzen KI heute als Werkzeug, um innovative Möglichkeiten zu erkunden und schaffen oft präzise oder surreale Werke, die unsere Wahrnehmung von Schönheit und Form hinterfragen.

KI-gesteuerte Kunstbürokratie beschränkt sich nicht nur auf die Produktion statischer visueller Werke. Mit der Entwicklung interaktiver Technologien kann KI dynamische und reaktionsfähige Kunstwerke schaffen, die sich in Echtzeit basierend auf Nutzerinteraktionen entwickeln. Beispielsweise kann KI Live-Kunstwerke generieren, die auf Bewegungen, Geräusche oder Gesten des Betrachters reagieren und so ein intensiveres und individuelleres künstlerisches Erlebnis ermöglichen. Diese Interaktion zwischen Mensch und Gerät hat zu einer explosionsartigen Zunahme neuer Medienkunst geführt, die Technologie und Kreativität in innovativen Prozessen vereint und digitale Kunstgalerien, Installationen und digitale Ausstellungen hervorbringt.

Über die bildende Kunst hinaus wird die Rolle der KI auch im Bereich der Songkomposition erforscht. KI-Systeme, die riesige Musikdatenbanken verarbeiten können, werden in verschiedenen Genres eingesetzt, um authentische Kompositionen zu schaffen. Diese Kompositionen, die oft nicht von menschlicher Musik zu unterscheiden sind, stellen den Künstler als alleinigen Urheber eines Stücks in Frage. Die Beteiligung von KI an der Songproduktion hat sogar neue Genres beflügelt: KI-gesteuerte Kompositionen erzeugen Melodien, Harmonien und Rhythmen, die von traditionellen menschlichen Musikern möglicherweise nicht in Betracht gezogen worden wären. Diese Expansion in die Klangkunst verändert nicht nur die Qualität der Songgestaltung, sondern auch die Definition musikalischer Kreativität.

Eine der vielleicht spannendsten Perspektiven der KI in der modernen Welt ist die Möglichkeit einer besseren Zusammenarbeit zwischen Mensch und Maschine. Anstatt KI auf die Rolle eines Werkzeugs zu reduzieren, das Befehle ausführt, betrachten Entwickler sie zunehmend als kollaborativen Partner, der Ideen einbringt, Änderungen vorschlägt und neue Perspektiven eröffnet. Diese dynamische Partnerschaft verändert das Innovationssystem, da Künstler und Architekten KI nutzen, um neue Möglichkeiten zu entdecken, Dokumente zu prüfen und sich vom traditionellen Denken zu lösen.

In der Literatur wird KI beispielsweise eingesetzt, um Handlungsstränge, Handlungsbögen und sogar ganze Erinnerungen zu entwickeln. Zwar mag es scheinen, als fehle einer maschinengenerierten Geschichte die emotionale Intensität oder das nuancierte Verständnis menschlicher Erfahrung, doch die Zusammenarbeit zwischen KI und menschlichen Autoren eröffnet faszinierende Möglichkeiten für das Geschichtenerzählen. Autoren können KI nutzen, um beim Brainstorming zu helfen, Anregungen für die Entwicklung der Geschichte zu geben oder bekannte Themen mit einer spannenden Perspektive zu beleuchten. Diese Form der Zusammenarbeit ermöglicht es menschlichen Autoren, sich auf die Verfeinerung ihrer Ideen zu konzentrieren und ihre persönliche Note einzubringen, während die schwere Arbeit der Konzeptentwicklung dem Gerät überlassen wird.

Auch in der Designwelt sorgt KI für Aufsehen, indem sie moderne Produkte, Modedesigns und architektonische Strukturen entwickelt. KI-Algorithmen werden eingesetzt, um neuartige Kombinationen von Materialien, Farben und Formen zu entwickeln, die dann von Designern individuell angepasst werden können. Diese KI-generierten Designs zeichnen sich oft durch eine unerwartete und unkonventionelle Ästhetik aus und können zudem Grenzen der Moderne auf eine Weise erweitern, die ein menschlicher Designer vielleicht nicht in Betracht gezogen hätte. Dieser kollaborative Prozess zwischen menschlicher Intuition und maschinellem Lernen führt zu einer modernen Designtechnologie, in der die Verschmelzung von Kreativität und Technologie zu bahnbrechenden Innovationen führt.

Der Einfluss der KI auf die Kreativität beschränkt sich nicht immer nur auf die Gründung von Künstlern, Designern und Musikern. Darüber hinaus hat sie die Fähigkeit, das progressive System zu demokratisieren. Dank des zunehmenden Einsatzes kundenfreundlicher KI-basierter Geräte können sich nun auch Menschen ohne formale Ausbildung in Kunst, Musik oder Format kreativ betätigen, was früher nur besonders qualifizierten Fachkräften vorbehalten war. KI-Systeme erleichtern das Erstellen von Kunstwerken, Liedern oder Texten erheblich, indem sie intuitive Benutzeroberflächen, automatische Vorschläge und Lernalgorithmen bieten, die Kunden durch die innovative Methode führen.

Diese Demokratisierung der Kreativität kann die kulturelle Landschaft grundlegend verändern und einem breiteren Spektrum an Stimmen und Perspektiven Auftrieb geben. Kreative benötigen keinen Zugang mehr zu teuren Geräten oder fortgeschrittenem technischen Wissen, um herausragende innovative Werke zu schaffen. Dank KI werden innovative Geräte für jeden mit einem Laptop oder Smartphone zugänglich und ermöglichen so ein umfassenderes und vielfältigeres Spektrum an kreativen Leistungen. Dieser Wandel wird weitreichende kulturelle und gesellschaftliche Auswirkungen haben, da mehr Menschen die Möglichkeit erhalten, mit ihren eigenen, einzigartigen Kreationen zur globalen Gemeinschaft beizutragen.

Die Integration von KI in innovative Bereiche verändert auch die Kreativwirtschaft. In Bereichen wie Film, Fernsehen, Marketing und Gaming entwickelt sich KI zu einem leistungsstarken Werkzeug für die Erstellung und Produktion von Inhalten. In der Filmproduktion wird KI eingesetzt, um visuelle Effekte zu erzeugen, realistische Animationen zu erstellen oder sogar beim Drehbuchschreiben und der Sprachgenerierung zu helfen. KI-gestützte Geräte kommen auch in der Videospielentwicklung zum Einsatz, wo sie dynamische Handlungsstränge, realistische Charaktere und reaktionsschnelle Spielumgebungen ermöglichen, die sich an die Bewegungen der Spieler anpassen.

Im Marketing und in der Werbung revolutioniert KI die Art und Weise, wie Vermarkter Inhalte erstellen. Durch die Analyse von Kundenverhalten und -präferenzen kann KI stark personalisierte Marketingkampagnen erstellen, die bei individuellen Nutzern Anklang finden. Diese KI-generierten Anzeigen können in Echtzeit angepasst werden, wodurch sichergestellt wird, dass die Inhalte stets relevant und ansprechend sind. Mit der weiteren Entwicklung von KI wird ihre Rolle in der Kreativbranche voraussichtlich noch deutlicher werden, da sie die Produktion ansprechenderer, aktuellerer und personalisierter Inhalte ermöglicht.

Mit dem Wandel der KI-Ära wird die Zukunft der Kreativität zunehmend durch die Zusammenarbeit von Mensch und Maschine geprägt. Die Grenzen zwischen menschlicher und künstlicher Kreativität verschwimmen, was zu neuen künstlerischen Ausdrucksformen und kultureller Arbeit führt, der wir allmählich vertrauen können. Das Potenzial der KI, zu forschen, sich anzupassen und zu innovieren, verändert das Wesen der Kreativität und bietet Schöpfern neue Möglichkeiten zum Entdecken, Experimentieren und Präsentieren.

In den kommenden Jahren könnte KI ein immer wichtigerer Bestandteil des kreativen Prozesses werden und die Möglichkeiten der kreativen Produktion weiter erweitern. Da immer mehr Kreative KI als Partner nutzen, wird sich die kreative Landschaft weiterentwickeln und neue Genres, künstlerische Arbeitsweisen und Ausdrucksformen hervorbringen. Die Zukunft der Kreativität wird nicht mehr nur durch die Arbeit einzelner Künstler bestimmt, sondern durch das dynamische Zusammenspiel von menschlicher Vorstellungskraft und Computerintelligenz. Diese Synergie kann völlig neue Dimensionen der kreativen Erforschung eröffnen und die Bedeutung von Kreativität im 21. Jahrhundert neu definieren.

8.2. Die Entwicklung der Kreativwirtschaft

Die innovativen Branchen, die Bereiche wie Kunst, Design, Unterhaltung, Musik, Mode, Literatur und Film umfassen, haben in den letzten Jahrzehnten tiefgreifende Veränderungen erlebt. Diese Entwicklung wurde durch verschiedene Faktoren geprägt, vom technologischen Fortschritt bis hin zu veränderten kulturellen Erwartungen. Im 21. Jahrhundert wird die Integration künstlicher Intelligenz (KI) zunehmend zu einem wichtigen Antriebsfaktor für die Entwicklung dieser Branchen. KI verändert die kreative Landschaft, verändert die Art und Weise, wie Inhalte produziert, verbreitet und genutzt werden, und stellt traditionelle Vorstellungen von Autorschaft und Kreativität in Frage.

Historisch gesehen wurden die revolutionären Branchen weitgehend durch menschliche Fähigkeiten, Fertigkeiten und Know-how vorangetrieben. Künstler, Musiker, Filmemacher und Designer waren Vorreiter bei der Schaffung neuer Werke und verließen sich dabei stets auf Intuition, Erfahrung und ein tiefes Verständnis ihres Handwerks. Der Aufstieg von

Massenmedien, Internet und digitaler Technologie eröffnete neue Möglichkeiten und demokratisierte den Zugang zu Kreativität und Produktionsmitteln. Die modernen Branchen expandierten mit der Verbreitung digitaler Inhalte rasant, doch KI ist nun bereit, diese Veränderungen noch weiter zu beschleunigen und neue Möglichkeiten und Herausforderungen für Kreative und Kunden gleichermaßen zu schaffen.

Einer der größten Umbrüche in der Entwicklung der Kreativwirtschaft ist der zunehmende Einsatz von KI als innovativem Partner. Anstatt nur ein Werkzeug zur Automatisierung alltäglicher Aufgaben oder zur Optimierung von Arbeitsabläufen zu sein, ist KI heute aktiver Bestandteil des modernen Systems. Durch die Analyse großer Datenmengen und das daraus gewonnene Wissen können KI-Algorithmen Musik, Kunst, Literatur und sogar Videoinhalte generieren, die mit menschlichen Werken konkurrieren. In manchen Fällen sind KI-generierte Werke nicht mehr von denen menschlicher Schöpfer zu unterscheiden, was wichtige Fragen zum Wesen von Kreativität, Originalität und Urheberschaft aufwirft.

Bereich der bildenden Kunst beispielsweise können KI-Systeme wie Generative Angular Networks (GANs) Bilder produzieren, die die Grenzen traditioneller Malerei überschreiten. Diese Algorithmen analysieren zahlreiche Kunstwerke, um Stile, Muster und Techniken zu verstehen und so spezifische künstlerische Ansätze zu entwickeln, die oft einer traditionellen Ästhetik entsprechen. Ähnlich wird KI in der Musikproduktion eingesetzt, wo Algorithmen Musikstile und -muster analysieren, um eigene Stücke zu komponieren oder Musiker bei der Entwicklung neuer Melodien zu unterstützen. Die Rolle der KI als Kollaborateur revolutioniert die Herangehensweise und Produktion kreativer Kunst und ermöglicht Künstlern und Kreativen, neue geografische Möglichkeiten zu erschließen, die einst unmöglich waren.

Die wachsende Rolle von KI in der Kreativität beschränkt sich nicht nur auf bildende Kunst oder Musik; sie verändert auch andere Bereiche der progressiven Industrien, darunter Schreiben, Filmemachen und Gaming. In der Literatur wird KI eingesetzt, um Ideen für Geschichten, Persönlichkeitsstrukturen oder sogar ganze Romane zu entwickeln. Durch die Verarbeitung großer Mengen an Textdaten kann KI Schreibstile nachahmen und Erzählungen schaffen, die menschliche Emotionen und Vorstellungen ansprechen. Im Film wird KI eingesetzt, um beim Drehbuchschreiben, der visuellen Effektentwicklung oder sogar bei der Regie zu helfen, da Algorithmen aktuelle Filminformationen analysieren, um fesselnde Erzählungen und Bilder zu generieren. In Videospielen werden KI-Systeme eingesetzt, um dynamische, reaktionsfähige Umgebungen und Charaktere zu erschaffen und den Spielern ein intensiveres und individuelleres Erlebnis zu bieten.

Der Einfluss der KI geht über den eigentlichen Innovationsprozess hinaus und verändert auch die Art und Weise, wie moderne Inhalte verbreitet und genutzt werden. Traditionelle Vertriebsmodelle in der modernen Industrie waren oft von Gatekeepern abhängig, darunter Plattenlabels, Filmstudios und Verlage. Der Aufstieg digitaler Systeme, Streaming-Dienste und sozialer Medien hat jedoch zu einer Demokratisierung der Inhaltsverteilung geführt und ermöglicht es den Kreativen, direkt ein internationales Publikum zu erreichen.

KI spielt in diesem Wandel eine zentrale Rolle, indem sie Inhaltsempfehlungen optimiert und Nutzerstudien personalisiert. Plattformen wie Spotify, Netflix und YouTube nutzen hochentwickelte KI-Algorithmen, um individuelles Verhalten und Vorlieben zu analysieren und Inhalte zu empfehlen, die auf den individuellen Geschmack zugeschnitten sind. Dies hat zu einer explosionsartigen Zunahme an verfügbaren Inhalten und einem Wandel in der Arbeitsweise der Kreativen geführt. KI-gestützte Strukturen bieten Nischengestaltern mehr Sichtbarkeit, die traditionellen hierarchischen Systeme in der Kreativbranche werden aufgelöst, wodurch mehr Stimmen Gehör finden.

Darüber hinaus ermöglicht KI neue Formen der Inhaltserstellung, die bisher undenkbar waren. Beispielsweise können KI-generierte Lieder und Bilder schnell über Online-

Plattformen geteilt und verbreitet werden, was den Urhebern direkten Zugang zu einem globalen Zielmarkt verschafft. Mit der zunehmenden Verbreitung KI-generierter Werke dürfte die Grenze zwischen menschlich und maschinell erstellten Inhalten weiter verschwimmen und neue Formen des innovativen Ausdrucks und der Zusammenarbeit ermöglichen.

Eine der tiefgreifendsten Auswirkungen von KI auf die Innovationsbranche ist die Demokratisierung der Kreativität. Früher war der Zugang zu modernen Werkzeugen und Produktionsanlagen regelmäßig auf Personen mit ausreichenden Ressourcen oder formaler Ausbildung beschränkt. Mit dem Aufkommen KI-gestützter Geräte kann sich jedoch nun jeder mit einem Computer oder Smartphone an innovativen Projekten beteiligen – vom Komponieren von Musik über das Gestalten virtueller Gemälde bis hin zum Schreiben von Memoiren.

KI hat die Kreativität durch intuitive Systeme, die komplexe kreative Prozesse vereinfachen, erweitert. So ermöglichen KI-gestützte Formatierungstools Laien die Erstellung professioneller Bilder und Illustrationen, während KI-gesteuerte Musikproduktionssoftware auch Menschen ohne formale Ausbildung das Schreiben origineller Texte ermöglicht. Beim Schreiben können KI-Tools Autoren unterstützen, indem sie Handlungsideen entwickeln, Verbesserungen vorschlagen oder sogar ganze Kapitel schreiben. Diese Verbesserungen schaffen gleiche Wettbewerbsbedingungen und ermöglichen es

Menschen aller Hintergründe und Fähigkeiten, sich kreativ einzubringen.

Diese Demokratisierung der Kreativität könnte die Dynamik der Kreativwirtschaft deutlich verändern. Wenn mehr Menschen die Möglichkeit erhalten, Kunst zu schaffen und zu teilen, könnten auch die traditionellen Hierarchien der Organisation aufbrechen. Dies könnte zu einer größeren Vielfalt progressiver Stimmen und Ansichten führen und eine integrativere Kulturlandschaft fördern. Darüber hinaus könnte der Aufstieg KI-gestützter Kreativität den Fokus vom individuellen „Genie" hin zu einem kollaborativeren und dezentraleren Modell verlagern, in dem Maschinen und Künstler gemeinsam innovative Werke schaffen.

Die Auswirkungen KI-gestützter Kreativität auf die Zukunft der Arbeit sind ebenfalls enorm. Mit der Weiterentwicklung von KI-Geräten könnten traditionelle Rollen in der Kreativbranche neu definiert oder verändert werden. Beispielsweise könnte KI Aufgaben in der Content-Erstellung übernehmen, darunter die Erstellung von Texten, Texten oder sogar Grafikdesign. Im Gegensatz zum Ersatz menschlicher Mitarbeiter wird KI jedoch wahrscheinlich deren Fähigkeiten erweitern und ihnen ermöglichen, sich auf innovative Entscheidungen und Strategien auf höherer Ebene zu konzentrieren. Dieser Wandel dürfte zur Schaffung neuer Beschäftigungsmöglichkeiten in Bereichen wie der KI-basierten

Content-Materialsteuerung, der System-Learning-Entwicklung für innovative Anwendungen und der KI-gestützten Projektsteuerung führen.

KI bietet der modernen Industrie spannende Möglichkeiten, bringt aber auch einige Herausforderungen mit sich. Eines der dringendsten Anliegen ist die Frage des Urheberrechts und der Urheberschaft. Da KI-generierte Werke immer bekannter werden, stellt sich die Frage, wer die Rechte an diesen Werken besitzt. Ist es das Gerät, das das Werk generiert hat, der Programmierer, der die Regeln entworfen hat, oder der Künstler, der mit der KI zusammengearbeitet hat? Diese rechtlichen und ethischen Fragen müssen beantwortet werden, da KI in der kreativen Welt eine immer größere Rolle spielt.

Ein weiteres Ziel ist die Fähigkeit von KI, bestehende Ungleichheiten in den fortschrittlichen Branchen zu verschärfen. KI kann zwar den Zugang zu kreativen Werkzeugen demokratisieren, aber auch die Macht großer Technologieunternehmen nutzen, die KI-Strukturen und - Algorithmen kontrollieren. Wenn diese Systeme die Verbreitung und Beratung von Inhalten dominieren, könnten kleinere Entwickler zudem Schwierigkeiten haben, ihre Sichtbarkeit zu verbessern oder im Unternehmen erfolgreich zu sein. Um sicherzustellen, dass KI den Interessen aller Entwickler dient, müssen kontinuierliche Anstrengungen unternommen werden, um Vielfalt und Inklusivität in KI-gesteuerten revolutionären Strategien zu fördern.

Trotz dieser schwierigen Bedingungen ist die Zukunft der revolutionären Branchen zweifellos spannend. KI hat das Potenzial, die Art und Weise, wie wir kreieren, essen und mit Gemälden, Musik, Literatur und Unterhaltung interagieren, zu revolutionieren. Mit der fortschreitenden Anpassung der KI werden die Grenzen der Kreativität erweitert und neue Möglichkeiten für Zusammenarbeit, Innovation und kreativen Ausdruck geschaffen. Die Kreativbranchen erleben eine neue Technologie, in der Mensch und Maschine zusammenarbeiten, um die Grenzen der Kreativität zu erweitern und neue innovative Visionen in unser Leben zu bringen.

8.3. KI und die Zukunft der Kunst: Konvergierende Wege

Die Schnittstelle zwischen künstlicher Intelligenz (KI) und Kunst ist eine der faszinierendsten und transformativsten Entwicklungen des 21. Jahrhunderts. KI stellt mit ihrer stetigen Weiterentwicklung nicht nur traditionelle Vorstellungen von Kreativität in Frage, sondern eröffnet auch bemerkenswerte Möglichkeiten für moderne künstlerische Ausdrucksformen. Die Zukunft der Kunst, angetrieben durch den Einsatz von KI, entfaltet sich und kann die Art und Weise, wie Kunst geschaffen, professionell gestaltet und verstanden wird, neu definieren. Diese Konvergenz von Technologie und Kreativität markiert einen Wendepunkt, an dem menschlicher Einfallsreichtum und maschinelle Intelligenz verschmelzen, um innovative, kollaborative und sich ständig weiterentwickelnde Kunstwerke zu schaffen.

KI hat sich bereits zu einem unverzichtbaren Werkzeug für Künstler in vielen Disziplinen entwickelt, von bildender Kunst und Musik bis hin zu Literatur und Performance. Algorithmen für maschinelles Lernen, tiefe neuronale Netzwerke und generative Modelle ermöglichen es Künstlern, neue innovative Möglichkeiten zu erkunden, oft in Zusammenarbeit mit Maschinen, die anstelle bloßer Maschinen als Partner fungieren. KI-Algorithmen können Kunstwerke schaffen, Lieder komponieren, Gedichte schreiben oder sogar interaktive Installationen gestalten und so die Grenzen dessen erweitern, was als Kunst gilt.

Die Integration von KI in den kreativen Prozess beschränkt sich jedoch nicht nur auf die Erstellung von Inhalten. KI verändert die Art und Weise, wie Kunstwerke konzipiert und geschaffen werden. Künstler haben nun Zugriff auf intelligente Systeme, die in der Ideenfindungsphase helfen und neue Gedanken, Techniken und Kompositionen vorschlagen, die mit herkömmlichen Methoden schwer zu erreichen wären. KI kann auch große Datensätze analysieren und interpretieren und Künstlern helfen, verborgene Stile, Trends und Zusammenhänge in ihren Gemälden zu entdecken, was zu brillanten Erkenntnissen und innovativen Verbesserungen führt.

In der bildenden Kunst beispielsweise hat KI maßgeblich zur Einführung der generativen Kunst beigetragen, bei der Algorithmen einzigartige kreative Werke hervorbringen, die sich anhand präziser Parameter weiterentwickeln. Künstler können bestimmte Regeln oder Stile eingeben, und die KI reagiert mit Versionen und Iterationen. So entstehen oft Werke, die begeistern und inspirieren. Gleichzeitig ermöglicht KI Komponisten, neue Klänge und Techniken auszuprobieren und Musik zu entwickeln, die Genres, Stile und kulturelle Einflüsse auf eine Weise verbindet, die früher unmöglich war.

Der Einsatz von KI in der Kunst stellt auch die Wahrnehmung von Urheberschaft in Frage. Traditionell galt der Künstler als alleiniger Autor eines Werkes, dessen Identität und Motivation entscheidend für die Bedeutung des Werks waren. Mit KI als innovativem Kollaborateur verschwimmt jedoch die Grenze zwischen menschlicher und maschineller Urheberschaft. Wem gehören die Rechte an einem KI-generierten Werk? Wer trägt die Verantwortung für dessen innovative Vision? Diese Fragen sind nicht nur rechtlicher und ethischer, sondern auch philosophischer Natur, da sie unser Verständnis von Kreativität, Originalität und der Rolle der Produktion im kreativen Prozess reflektieren.

KI-generierte Kunstwerke erfreuen sich zunehmender Anerkennung auf dem internationalen Kunstmarkt. Mithilfe von Algorithmen und Maschinen erstellte Werke werden auf renommierten Auktionen präsentiert und in Galerien weltweit ausgestellt. Beispielsweise wurden KI-generierte Gemälde für Hunderttausende von Dollar verkauft, und KI-generierte Musik hat sich in der Musikindustrie zu einem begehrten Gut entwickelt. Dieses Phänomen hat Debatten über den Wert und die Authentizität KI-generierter Kunst ausgelöst. Einige argumentieren, dass KI-Kunst die emotionale Tiefe und die menschliche Verbindung traditioneller künstlerischer Bemühungen vermissen lässt, während andere sie als spannende neue Dimension des kreativen Ausdrucks betrachten.

Einer der größten Einflussfaktoren von KI auf den Kunstmarkt ist ihre Fähigkeit, die Schaffung und Verbreitung von Kunst zu demokratisieren. Künstler aus aller Welt können nun, unabhängig von ihren technischen Fähigkeiten oder ihrem Zugang zu Ressourcen, mithilfe von KI-Systemen herausragende Kunstwerke schaffen. Diese Demokratisierung der Kunstproduktion verändert den Kunstmarkt, da Künstler nun traditionelle Zugangswege wie Galerien und Auktionshäuser umgehen und über digitale Plattformen direkt ein internationales Publikum erreichen können. In dieser neuen Ära ebnet KI den Spielraum und ermöglicht es einer größeren

Vielfalt an Stimmen und Ansichten, in der Kunstwelt gehört und wahrgenommen zu werden.

KI ermöglicht zudem personalisierte Kunstbetrachtungen. Durch das Lesen von Charakterauswahlen und Interaktionen kann KI Kunstwerke generieren, die auf individuelle Geschmäcker und Emotionen zugeschnitten sind und Besuchern eine einzigartige und intime Verbindung zu den Gemälden bieten. Dieser maßgeschneiderte Ansatz für Kunstwerke revolutioniert die Kunstbetrachtung, da KI interaktive und immersive Recherchen erstellen kann, die in Echtzeit auf die Bewegungen und Reaktionen des Betrachters reagieren. Beispielsweise ermöglichen interaktive Installationen und KI-gestützte digitale Galerien dem Publikum eine dynamische und partizipative Auseinandersetzung mit Kunstwerken und brechen so die traditionellen Grenzen zwischen Künstler und Publikum auf.

Die Zukunft der Kunst hängt nicht davon ab, ob Menschen oder Maschinen die revolutionären Entwicklungen beherrschen, sondern davon, wie sie kollaborativ und synergetisch zusammenarbeiten können. KI ist ein mächtiges Werkzeug zur Förderung menschlicher Kreativität und bietet Künstlern neue Möglichkeiten und Erkenntnisse, die ihre eigenen Fähigkeiten und Instinkte ergänzen. Die Kombination aus menschlicher Vorstellungskraft und der Rechenleistung von KI ermöglicht es, Kunstwerke zu schaffen, die sowohl bahnbrechend als auch tiefgreifend sind.

In der bildenden Kunst beispielsweise nutzen menschliche Künstler KI zunehmend nicht nur als Werkzeug zur Erstellung von Momentaufnahmen, sondern auch als Begleiter ihrer fortschreitenden Erkundung. Künstler geben erste Ideen ein, und die KI generiert Versionen und schlägt neue Richtungen und Möglichkeiten vor. Dieses Zusammenspiel schafft ein dynamisches, sich entwickelndes kreatives System, in dem menschliche Künstler die Ergebnisse der KI steuern können, das System sie aber auch mit überraschenden Ergebnissen überrascht. Dieses kollaborative Modell fördert Innovationsgeist, da Künstler neue ästhetische Möglichkeiten entdecken und ihre Arbeit in Richtungen lenken können, die ihnen bisher verschlossen blieben.

Im Gesang wird KI bereits als Co-Komponist eingesetzt und unterstützt Musiker beim Komponieren von Melodien, Harmonien und Rhythmen. Anstatt Musiker zu wechseln, verbessert KI deren progressives Gerät und bietet neue Prozesse zum Testen von Klang und Struktur. Beispielsweise kann KI alternative Akkordfolgen unterstützen oder Kontrapunktmelodien generieren, sodass Musiker neue musikalische Wege entdecken können. Diese kollaborative Kreativität ist nicht immer auf einen bestimmten Stil oder Stil beschränkt; sie umfasst alles von klassischer Musik über virtuelle Dance-Tracks und Jazz bis hin zu Pop und darüber hinaus.

KI verändert auch die Welt der Literatur. Sie unterstützt Autoren beim Brainstorming, der Entwicklung von Handlungssträngen und sogar beim Schreiben ganzer Romane. Autoren können Handlungs- oder Charakterskizzen eingeben, und KI kann stimmige Erzählungen erstellen oder Verbesserungen an bestehenden Entwürfen vorschlagen. Anstatt menschliche Autoren zu bekehren, gibt KI ihnen ein Werkzeug an die Hand, das ihre Kreativität fördert, ihnen hilft, ihre Werke zu verfeinern und neue erzählerische Möglichkeiten zu entdecken.

Da KI in der Kunstwelt immer wichtiger wird, wirft sie wichtige ethische und philosophische Fragen zum Wesen von Kreativität und künstlerischem Wert auf. Eine der drängendsten Fragen ist die nach der Urheberschaft. Wenn eine KI ein Kunstwerk schafft, wem gehört es? Ist es der Künstler, der die ersten Ideen lieferte, der Programmierer, der die Regeln entwickelte, oder die KI selbst? Dieser Widerspruch zu herkömmlichen Vorstellungen von Urheberschaft und Besitz wird dadurch erschwert, dass KI unzählige Versionen eines einzigen Kunstwerks erstellen kann, was die Frage nach der Originalität zusätzlich verkompliziert.

Ein weiteres ethisches Problem ist das Potenzial von KI, das Publikum zu manipulieren oder zu täuschen. KI-generierte

Gemälde können so realistisch und überzeugend sein, dass es für Besucher schwierig sein kann, zwischen von Menschen geschaffenen und von Maschinen erstellten Werken zu unterscheiden. Dies verstärkt die Sorge um Authentizität und die Wahrnehmung als authentisch, insbesondere im Kontext von Kunst, die persönliche Gefühle, kulturelle Erkenntnisse oder politische Botschaften vermitteln soll. Obwohl KI tatsächlich beeindruckende und konzeptionell beängstigende Kunstwerke schaffen kann, besteht die Möglichkeit, dass ihr Einsatz für viele weniger edle Zwecke missbraucht wird, einschließlich der Schaffung von Gemälden, die Gefühle manipulieren oder Fehlinformationen verbreiten.

Trotz dieser Bedenken ist die Zukunft der KI in der Kunst unbestreitbar spannend. Ihre fortschreitende Entwicklung wird neue Wege für kreativen Ausdruck, Zusammenarbeit und Innovation eröffnen. Die Verschmelzung von menschlicher Kreativität und Systemintelligenz wird die Rolle der Kunst in der Gesellschaft neu definieren und neue Wege eröffnen, sich mit Kunst auseinanderzusetzen, sie zu genießen und sie zu verstehen. Anstatt menschliche Künstler zu bekehren, wird KI als wirksames Instrument fungieren, das ihre Kreativität verstärkt und eine Kunst hervorbringt, die vielfältiger, dynamischer und integrativer ist als je zuvor. Die Zukunft der Kunst liegt darin, dass die Wege von KI und menschlicher Kreativität zusammenlaufen und eine moderne

Generation kreativer Erforschung und Ausdrucksformen anstoßen.

8.4. Originalität in einer KI-gesteuerten Welt neu definieren

Das Konzept der Originalität ist seit langem ein Eckpfeiler künstlerischer, literarischer und hochgeistiger Kunst. Es verkörpert die Idee, Gemälde zu schaffen, die neuartig, präzise und die eigene Perspektive widerspiegeln. In einer Welt, die zunehmend durch künstliche Intelligenz geprägt wird, werden die Grenzen und Definitionen von Originalität jedoch hinterfragt und neu definiert. Das Potenzial der KI, Inhalte – ob Bilder, Musik, Texte oder andere – auf der Grundlage umfangreicher Datensätze zu generieren, wirft tiefgreifende Fragen darüber auf, was es bedeutet, etwas wirklich Originelles zu schaffen.

Der Kern dieser Aufgabe liegt in der Natur der KI selbst. Die meisten modernen KI-Modelle basieren auf umfangreichen Korpora aktueller, von Menschen erstellter Werke. Durch die Analyse von Stilen, Stilen und Systemen in diesen Datensätzen erzeugen KI-Systeme Ergebnisse, die aus früheren Beispielen mischen, remixen oder extrapolieren. Dieser generative Ansatz verwischt oft die Grenze zwischen Suggestion und Nachahmung, sodass es schwer zu bestimmen ist, wo Einfluss endet und Originalität beginnt.

Traditionell wird Originalität mit Autorschaft, Kreativität und dem Funken individuellen Genies in Verbindung gebracht. Mit KI wird der kreative Akt kollaborativ oder hybrid: Menschliche Schöpfer bieten Aktivierungen, kuratieren Ergebnisse und treffen kreative Entscheidungen, während Maschinen gleichzeitig neuartige Kombinationen und Versionen anbieten. Dies wirft die Frage auf: Ist Originalität das Produkt menschlicher Ziele, des Gerätezeitalters oder ihres Zusammenspiels?

Ein neuer Ansatz betrachtet Originalität weniger als absolute Neuheit, sondern vielmehr als kontextuelle Innovation – das Potenzial, bestehende Elemente auf neue Weise zu kombinieren, die kulturell oder emotional ankommt. Die generative Kapazität der KI erweitert den Spielraum möglicher Rekombinationen exponentiell und ermöglicht es Kreativen, bisher ungeahnte Wege zu entdecken. Daher könnte sich Originalität in einer KI-getriebenen Welt auch auf die geschickte Navigation und Orchestrierung gerätegenerierter Möglichkeiten konzentrieren, anstatt ausschließlich auf die Schöpfung aus dem Nichts.

Auch rechtliche und ethische Rahmenbedingungen für Originalität und hochkarätiges Eigentum stehen auf dem Prüfstand. Das Urheberrecht beispielsweise schützt traditionell menschliche Urheberschaft und den Ausdruck konkreter Gedanken. Wenn KI Inhalte mit minimalem menschlichen Eingriff produziert, stellen sich Fragen zu Eigentum, Rechten und Verantwortung. Politiker, Gerichte und die Industrie setzen sich mit der Frage auseinander, wie Originalität in diesem neuen Kontext definiert und angepasst werden kann.

Darüber hinaus erschweren Sorgen über algorithmische Verzerrungen und kulturelle Homogenisierung die Neudefinition von Originalität. Da KI-Strukturen die Vorurteile und Einschränkungen ihrer Bildungsstatistiken reproduzieren, verstärken sie unbeabsichtigt dominante kulturelle Narrative oder stilistische Konventionen und hemmen so möglicherweise Vielfalt und echte Innovation. Entwickler und Technologen sollten daher ernsthaft mit KI-Tools interagieren, um inklusive und moralische Originalität zu fördern.

Auch die mentalen und philosophischen Dimensionen der Originalität entwickeln sich weiter. KI stellt das romantische Beste des einsamen Genies in Frage, indem sie die zugeteilte Kreativität – die kollektiven und vernetzten Prozesse zwischen Mensch und Maschine – betont. Dieser Paradigmenwechsel lädt uns ein, Kreativität als vernetztes Phänomen zu betrachten, bei dem Originalität eher aus dynamischen Interaktionen als aus isolierten Handlungen entsteht.

Darüber hinaus überschwemmt die Verbreitung KI-generierter Inhalte das kulturelle Umfeld mit enormen Mengen neuartiger, aber dennoch minderwertiger Werke und führt zu einer Neubewertung von Wert und Authentizität. Publikum und Kritiker sollten sich neue Kompetenzen aneignen, um inmitten der Fülle signifikante Originalität zu erkennen und zu verstehen, wie Zweck, Kontext und menschliches Engagement die innovative Bedeutung prägen.

Um Originalität neu zu definieren, müssen zukünftige Schöpfer geschult werden, KI nicht länger als Ersatz, sondern als Innovationsbegleiter zu nutzen. Die Betonung kritischer Fragen, ethischer Nutzung und kreativer Zusammenarbeit bereitet Künstler, Schriftsteller und Innovatoren darauf vor, in einer KI-gestützten kreativen Landschaft erfolgreich zu sein.

Originalität in einer KI-getriebenen Welt ist ein komplexes, vielschichtiges Konzept, das sich einem tiefgreifenden Wandel unterzieht. Sie stellt festgefahrene Vorstellungen von Kreativität, Autorschaft und Honorar in Frage und lädt zu neuen Rahmenbedingungen ein, die Hybridität, Kontext und Zusammenarbeit einbeziehen. Weit davon entfernt, die menschliche Kreativität zu schmälern, erweitert KI ihren Horizont – und bietet Werkzeuge, die, wenn sie mit Bedacht eingesetzt werden, beispiellose Formen kreativer und intellektueller Innovation hervorbringen können.